VIE
DE SAINT TROPEZ

OFFICIER DE L'EMPEREUR NÉRON,

SON MARTYRE, SES RELIQUES ET SON CULTE

Par M. l'Abbé ESPITALIER,
VICAIRE DE ST-TROPEZ,

Diocèse de Fréjus.

A SAINT-TROPEZ,

Chez l'AUTEUR, à la sacristie de la paroisse,
et chez M. BLANCHET, libraire,

A FRÉJUS,	**A TOULON,**
Au Grand-Séminaire,	Chez MM. CAUVIN et DAUMAS, libr. Cours Lafayette 65.

PRIX **1 fr. 25** c. PAR LA POSTE **1 fr. 50.**

NOTRE-DAME DE LÉRINS, IMPRIMERIE MARIE-BERNARD.

M DCCC LXXVI

SAINT TROPEZ

OFFICIER DE L'EMPEREUR NÉRON

A SA GRANDEUR RÉVÉRENDISSIME

Monseigneur Antoine-Joseph-Henri

JORDANY

ÉVÊQUE de Fréjus & Toulon,

ASSISTANT AU TRONE PONTIFICAL

HOMMAGE

de ma profonde vénération et de mon entier dévouement

H. ESPITALIER

S.-Tropez, 16 Octobre 1875.

APPROBATION

de Mgr l'ÉVÊQUE de Fréjus et Toulon.

Ayant parcouru la *Vie de saint Tropez*, illustre martyr de l'Eglise, qui a laissé son nom à une des villes les plus chrétiennes de notre Diocèse, la jugeant très-propre à édifier les fidèles, nous en approuvons l'impression et nous en recommandons la lecture. Nous félicitons l'auteur de cette Vie, d'avoir si bien fait ressortir les vertus héroïques du glorieux saint dont les reliques ont sanctifié notre plage méditérranéenne, et dont le culte excite encore, chaque année, la bruyante dévotion du bon peuple Tropézien.

Fréjus le 1er Décembre 1875

† Joseph Henri, év. de Fréjus et Toulon.

A Monsieur BRÉMOND,

Chanoine Curé-doyen de S.-Tropez.

Monsieur le Curé

Depuis longtemps vous désiriez voir dans les mains de vos chers paroissiens le récit fidèle de la vie et du martyre de leur puissant protecteur ; vous désiriez aussi pouvoir mettre au grand jour les gloires de l'Eglise de Saint-Tropez que vous dirigez avec tant de zèle, depuis bientôt vingt ans. Quand vous apprites que j'avais le dessein de me livrer à cette étude intéressante, vous daignâtes m'aider de vos conseils, m'encourager de vos bienveillantes paroles. Permettez , Monsieur le Curé, que, après avoir dédié cet humble travail au premier Pasteur du Diocèse et l'avoir soumis à sa haute . approbation, je vous offre ici en retour le témoignage de ma plus vive reconnaissance.

Votre vicaire dévoué

H. Espitalier.

SAINT TROPEZ

OFFICIER DE L'EMPEREUR NÉRON

SA VIE, SON MARTYRE, SES RELIQUES ET SON CULTE,

PAR

M. l'Abbé ESPITALIER,

VICAIRE DE ST-TROPEZ,

Diocèse de Fréjus.

Die 29 *Junii* **1873.**
Dominus benedicat operarios
et opus. Arguite in omni patientia
et doctrina sana.　**Pius PP. ix.**

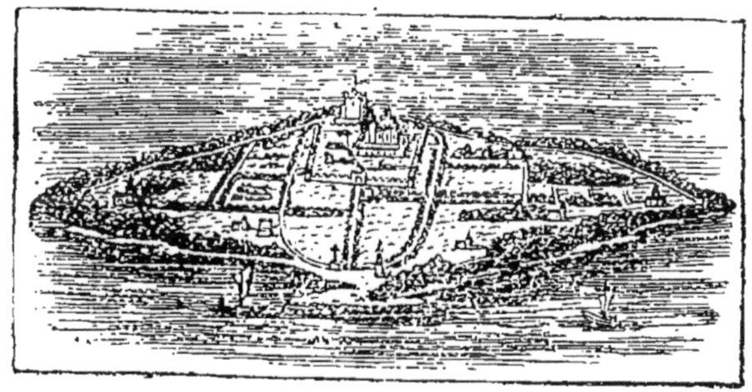

N.-D. DE LÉRINS,

IMPRIMERIE MARIE-BERNARD.

1876

PRÉFACE

Il n'existe pas de vie populaire de saint Tropez.
Voici celle que nous adressons au public religieux
et aux Tropéziens en particulier.

Retracer les diverses circonstances de la vie et
du martyre de saint Tropez, établir, comme fait
historique, par le témoignage de la tradition et les
preuves les plus concluantes, l'arrivée miraculeuse
du corps de ce glorieux martyr sur les côtes de la
Provence, à l'endroit où s'élève aujourd'hui la ville
de Saint-Tropez, montrer enfin le culte de ce Saint
vivant dans l'Eglise, et surtout dans les deux villes
qui possèdent ses reliques insignes, Pise en Toscane
et Saint-Tropez en Provence, dans le diocèse
de Fréjus, tel est le plan que nous nous proposons
de remplir.

Quand on veut étudier la vie d'un saint, connaître les actes d'un martyr et les controverses agi-
tées au sujet du culte ou des reliques d'un serviteur de Dieu, il faut nécessairement recourir aux

x

Bollandistes (1). C'est ce que nous avons fait, en tirant de cette mine inépuisable une foule de notes précieuses.

Pourtant, avouons-le, ces savants religieux nous ont paru trop sévères dans la critique des Actes du martyre de notre Saint ; voilà pourquoi sur ce point, nous n'avons pas suivi leur sentiment.

Car, pour déclarer ces Actes apocryphes, il faudrait qu'ils eussent été le produit de l'imagination d'un seul écrivain et qu'ils n'eussent jamais eu aucun crédit dans l'Eglise. Nous voyons cependant des auteurs du neuvième et du dixième siècles, beaucoup plus près des sources que les Bollandistes, tels que Usuard, Adon, Raban-Maur, nous donner dans leurs martyrologes, d'après des manuscrits très-anciens, qu'ils regardent comme authentiques, les mêmes faits racontés par les Actes : nous voyons plus tard le Martyrologe romain, corrigé avec soin par Baronius, conserver le récit de plusieurs de ces faits : nous voyons enfin l'Eglise autoriser, pour les trois diocèses de Fréjus, de Gênes et de Pise, les leçons du Bréviaire, dans lesquelles est contenu le récit abrégé

(1) On désigne sous ce nom une réunion de Pères Jésuites à qui nous devons la Vie des Saints en 53 vol. in-folio, appelée *Acta Sanctorum*. Le premier, qui commença et dirigea cette œuvre gigantesque, s'appelait *Bollandus*. De là le nom de Bollandistes donné à ses collaborateurs.

du martyre de saint Tropez , tel que les Actes nous le racontent. Ce sont là des autorités respectables, et il nous est assurément permis d'admettre et de raconter , dans cette notice , ce que l'Eglise elle-même a inséré dans son Martyrologe et son Office public (1).

Voilà pourquoi, fort de l'appui moral de l'Eglise, nous croyons pouvoir, sans témérité , nous ranger d'un avis contraire à celui des Bollandistes, en admettant , comme certains, non seulement le lieu et l'époque du martyre de saint Tropez , seuls faits que ces illustres hagiographes déclarent authentiques, mais encore tous les faits contenus ou indiqués soit dans les divers Martyrologes , soit dans les leçons du Bréviaire. De cette manière , notre récit sera confirmé et sanctionné par la croyance de toute la tradition. On nous pardonnera pourtant certains dialogues dont nous ne voulons point venger l'authenticité, mais dont nous reconnaissons volontiers la vraisemblance : ils serviront à donner à notre pieuse narration encore plus de vie.

Notre second guide a été une Vie italienne de saint Tropez, publiée à Gênes en 1868. L'auteur accuse, comme nous, les Bollandistes de sévérité : aussi, donne-t-il les Actes presque en entier, sans

(1) Voir aux pièces justificatives n° 1.

faire le discernement que nous faisons nous-même.
« Si certaines choses, dit-il, ne sont pas con-
formes à la vérité historique, on connaîtra au
moins tout ce que les siècles passés ont écrit sur
l'illustre martyr Tropez. » Nous pourrions dire de
même, mais voulant faire une étude sérieuse, et
rapporter les seuls détails que la tradition confirme, nous avons soigneusement évité cet écueil.

Cette Vie italienne nous a beaucoup aidé dans
l'étude du culte de saint Tropez à Gênes et à Pise.

Nous avons aussi consulté les archives municipales de la ville de Saint-Tropez, nous en avons tiré
plusieurs détails précieux sur le culte dont saint
Tropez a toujours été honoré dans la ville qui
porte son nom.

Nous espérons que les habitants de notre cité
feront à ce modeste livre un accueil bienveillant.
C'est pour faire connaître leur glorieux Patron que
nous l'avons composé ; aussi croyons-nous qu'il
trouvera une place dans le sein de chaque famille et
qu'il sera lu avec intérêt par tous ceux qui se disent
les dévots serviteurs de saint Tropez.

SAINT TROPEZ

OFFICIER DE L'EMPEREUR NÉRON

CHAPITRE PREMIER.

NAISSANCE DE TROPEZ. — SES FONCTIONS A LA COUR DE
NÉRON. — SA CONVERSION.

Nous n'avons pas de documents précis sur le lieu
de la naissance de saint Tropez ; néanmoins la ville de
Pise, en Toscane, est regardée comme la patrie de
notre illustre martyr. C'est l'opinion des Bollandistes, c'est surtout la tradition chère à tous les
Pisans ; ceux-ci montrent encore hors de leur ville,
près de l'ancienne porte Latine, appelée aujourdh'ui
porte de Lucques, l'endroit même où s'élevait la
maison paternelle de saint Tropez ; on y a bâti une
église, dans laquelle le chef de notre Saint, la seule
relique insigne qui nous reste, est religieusement conservé.

Tropez était d'une illustre origine, d'une famille
patricienne, peut-être même consulaire. Le rang
qu'il tenait à la cour nous porte à le croire, puisque c'était aux grands de l'empire que les charges
du palais étaient confiées. Un auteur, cité par les

Bollandistes, nous dit même que le père de Tropez, nommé Caïus Silvius, était le cousin de Caïus Silvius Othon, devenu plus tard empereur romain (1).

Comme tous les jeunes gens de son âge, Tropez suivit la carrière des armes ; c'était la carrière des honneurs, le chemin qui menait à la gloire, et de son temps encore un Romain n'était rien s'il n'était soldat.

Fils d'un patricien, Tropez dut gagner par sa bravoure et sa discipline la dignité de chevalier dont il fut bientôt investi.

Les documents les plus anciens nous le représentent, en effet, animé d'une ardeur martiale et doué d'un caractère vraiment chevaleresque. « C'était un soldat valeureux, nous disent de lui les actes de saint Antoine de Lucques, il joignait à l'illustration de son nom les connaissances les plus approfondies de l'art militaire et une sagesse à toute épreuve dans les diverses charges de son état. » Des manuscrits très-anciens de l'église de Pise font aussi de Tropez le portrait le plus flatteur : une taille élevée, une figure empreinte d'une beauté mâle et sévère, un port majestueux, des manières distinguées, une noble élégance dans les vêtements, et avec cela une

(1) C'est une erreur grossière de dire que sainte Maxime était la sœur de saint Tropez. Outre qu'ils n'habitaient pas les mêmes contrées, ces deux saints ne vivaient pas à la même époque.

conversation aimable et enjouée, lui attiraient tous les cœurs ; on voyait en lui le type du vrai chevalier romain, et il était regardé comme l'un des plus brillants officiers de l'empire.

Néron régnait alors : quoique abruti par les plaisirs et dominé par la soif inique du sang, Néron savait pourtant apprécier les hommes et profiter de leurs services, sauf à se délivrer d'eux par le fer ou le poison, dès que leur gloire et leur mérite portaient à son ambition le plus petit ombrage (1).

Il connut les rares qualités de Tropez, l'appela dans son palais et voulut le récompenser en lui confiant une des hautes dignités de sa cour (2).

Quelle fut cette dignité ? Un auteur cité par les Bollandistes, nous dit que Tropez était l'intendant de la maison impériale. Saint Jean Chrysostôme semble appuyer cette opinion, losqu'il nous apprend que la prédication de S. Paul avait converti à la foi une des favorites et l'un des échansons de Néron. Nous ne connaissons point le nom de cette courtisane retirée du désordre par le zèle de l'apôtre (3) ; quant à l'échanson converti, nous dit l'abbé

(1) Corbulon, vainqueur des Parthes, fut à son retour mis à mort par l'ordre de l'empereur Neron.

(2) H. Bouche dit que Tropez fut présenté à Néron par le général romain Julius Agricola, originaire de Fréjus. Cela est possible, mais Bouche se trompe en disant que Tropez était compatriote de Julius Agricola.

(3) Quelques auteurs avaient mis en avant le nom d'Acte, mais son épitaphe retrouvée en ces derniers temps est exclusivement païenne. DARRAS, *Hist. de l'Eglise*, t. VI, ch. V n. 11

Darras (1), le martyrologe nous le fait connaître
en ces termes : « A Pise, en Toscane, saint Tropez,
martyr, qui fut d'abord un des grands officiers de
Néron. »

Tropez présidait donc à la table du cruel empereur, il dirigeait son intérieur domestique ; car
nous ne croyons point que sa charge se bornât aux
humbles fonctions d'échanson, et saint Jean-Chry-
sostôme, en faisant allusion à la conversion de
Tropez, ne donne probablement à ce néophyte de
l'Apôtre que le nom générique de sa dignité, car
on peut bien entendre par échanson l'intendant ou
le majordome du palais, charge importante auprès
d'un souverain, charge qui, dans la maison d'un
empereur aussi voluptueux et aussi sensuel que
Néron, était donnée à l'officier le plus digne de la
confiance impériale.

Les Actés de saint Antoine de Lucques, dont
l'authenticité est admise par les Bollandistes, donnent à Tropez une fonction encore plus élevée,
« Tropez, disent-ils, était le conseiller de Néron,
le gouverneur de tout le palais et le commandant
supérieur des troupes impériales. » Si cela est,
Tropez était non seulement un des premiers, mais
encore le premier des officiers de Néron.

Que ces fonctions importantes, exercées par
Tropez à la cour, ne nous étonnent point : le mérite de ce brillant jeune homme était si reconnu,

(1) DARRAS, *idem.*

et Néron avait si bien discerné ses rares qualités, qu'il a pu successivement l'élever du poste inférieur d'échanson au grade d'intendant, puis le nommer, en récompense de ses services, gouverneur de tout le palais.

Quoi qu'il en soit de ces diverses opinions, il nous suffit de savoir que Tropez, comme s'exprime le martyrologe romain, tenait un rang élevé à la cour, pour admirer bientôt l'héroïsme de son martyre. Il était grand selon le monde, il se fera petit pour entrer dans le ciel ; il était le ministre du plus grand des monarques de la terre, l'heure va sonner où il préférera le titre de serviteur du Christ à toutes les richesses et à tous les honneurs de ce monde. Car Tropez était païen.

Mais une religion nouvelle venait de paraître en Judée. Les oracles s'étaient accomplis et le Désiré des nations, après avoir souffert la mort sur une croix, avait envoyé ses apôtres à la conquête de l'univers.

L'an 44 de l'ère chrétienne, Pierre, le chef du collége apostolique, pénètre dans la ville de Rome et y prêche l'Evangile. A sa voix, un grand nombre dans les rangs de la noblesse romaine renoncent aux idoles : le sénateur Pudens se convertit et son palais devient la première église chrétienne : les illustres matrones Lucine, Priscille, Flavie-Domitille reçoivent aussi le baptême et consacrent leur fortune aux besoins des fidèles.

Bientôt en l'an 59, vient s'adjoindre à Pierre un

auxiliaire puissant : c'est Paul terrassé sur le chemin de Damas et devenu l'apôtre des Gentils. Pierre avait ébranlé l'aristocratie romaine. Paul pénètre jusque dans le palais de l'empereur, et là, comme autrefois dans le sein de l'Aréopage athénien, il prêche hardiment la doctrine du Dieu inconnu. Sa voix apostolique remue la conscience de ceux qui l'écoutent, et parmi les partisans et les familiers de l'empereur, plusieurs, foulant aux pieds le culte des idoles, embrassent généreusement la religion nouvelle.

De tous les païens convertis par saint Paul à la cour de Néron, la courtisane dont nous parle sain tJean Chrysostôme, et l'officier Tropez, auquel le même Père fait allusion, sont les seuls dont le souvenir soit arrivé jusqu'à nous. Néanmoins nous ne pouvons croire que l'Apôtre n'ait pas fait dans le palais de Néron des conquêtes plus nombreuses : l'opinion commune des historiens ecclésiastiques veut qu'il y ait eu, dans l'intérieur du palais, un nombre de néophytes assez grand pour former une église particulière : c'est ce que saint Paul lui-même donne à entendre, lorsque, écrivant de Rome aux chrétiens de Philippe en Macédoine, il termine son épitre en disant: « Tous les saints, et surtout ceux de la maison de César, vous offrent leurs salutations » (1).

Saint Paul écrivit cette épitre l'an 62. A cette époque, Tropez était-il déjà converti, et devons-nous croire que l'apôtre voulait parler de lui dans son

(1) *Epti. aux Philippiens,* ch. IV, v. 22.

épître aux Philippiens ? Les Bollandistes le nient :
mais, tout en respectant la science et les travaux de
ces illustres hagiographes, nous leur préférons sur
le point qui nous occupe, la voix autorisée de
l'Eglise. En effet, le Bréviaire et le Martyrologe, qui
ont toujours été regardés comme renfermant
l'abrégé de la tradition catholique, en ce qui con-
cerne le culte des saints, sont unanimes à nous
dire que Tropez était un des chrétiens de la maison de César dont parle l'Apôtre.

Assurément ce témoignage est décisif, et, bien
loin de laisser au sentiment que nous embrassons
le caractère d'une simple opinion, il lui imprime
le cachet d'une vérité historique entièrement dé-
montrée.

En présence d'une pareille autorité, nous ne
savons pourquoi les Bollandistes se rangent d'une
opinion contraire : « Quand saint Paul écrivit cette
épître, disent-ils, Tropez n'était pas encore baptisé,
peut-être même il n'était pas chrétien », c'est-à-
dire catéchumène. Sur quoi s'appuient les Bollan-
dites pour porter ce jugement ? Sur quoi repose ce
peut-être ?

Que Tropez ne fut pas encore baptisé à cette
époque, nous l'admettons sans peine, puisque nous
le verrons recevoir le baptême la veille de son
martyre ; mais que *peut-être* il ne fût pas même
catéchumène, c'est ce que rien ne prouve. Au
contraire, le Bréviaire et le Martyrologe ne se
livrent à aucune supposition, n'émettent aucun

peut-être, mais ils disent simplement, en énonçant ce fait comme un fait hors de doute : « Il fut un de ceux dont l'Apôtre disait en écrivant de Rome aux Philippiens : Tous les saints, et surtout ceux de la maison de César vous offrent, leurs salutations. » L'illustre historien Baronius, qui a tant travaillé sur des documents très-anciens et très-dignes de foi à la correction du martyrologe romain, a adopté ce sentiment, et, parmi les historiens ecclésiastiques, tous ont nommé Tropez comme l'un des chrétiens de la maison de César dont il est parlé dans l'épître aux Philippiens : il est même le seul, disent-ils, dont le nom soit parvenu jusqu'à nous. Après de telles preuves, Dieu nous garde de ravir à notre Saint la gloire que l'Eglise entière lui décerne : nous en sommes trop fiers.

Tropez fut donc un des membres de cette église naissante, il fut la plus précieuse conquête de l'Apôtre : sa raison se soumit à la foi de Jésus-Christ, son cœur demeura fermé aux plaisirs de la terre et il sut désormais préserver sa vertu des séductions corruptrices de la cour. Son exemple produisit sans doute sur les cœurs indécis une heureuse influence, et sa conversion dut consoler saint Paul au milieu des chaînes de sa captivité.

CHAPITRE II

LA PERSÉCUTION. — TROPEZ ET LE TEMPLE DE PISE.

L'orage de la persécution ne tarda pas à gronder : dans un de ces rêves barbares qui lui étaient familiers, Néron voulut un jour se donner le spectacle d'une ville dévorée par les flammes ; il dicte ses ordres, et aussitôt des hommes armés de torches incendiaires courent mettre le feu sur tous les points de Rome.

Aussi lâche que cruel, Néron craignit les effets de la vengeance publique, et il désigna des victimes innocentes à la fureur du peuple. Les chrétiens furent dénoncés comme les auteurs de ce forfait inouï ; Néron lança contre eux un édit de persécution, et bientôt le sang des disciples du Christ coula à grands flots dans toutes les villes de l'empire.

Tropez fut-il compris dans cette extermination générale ? Et l'empereur frappa-t-il d'abord les chrétiens qui se trouvaient dans son palais ?

Si Tropez avait été signalé comme le disciple de la religion nouvelle, nul doute qu'il n'eût dès-lors scellé de son sang la foi qu'il professait ; mais

Tropez n'était que catéchumène, sa conversion n'était pas encore connue, voilà pourquoi les actes de son martyre nous le montrent survivant aux horreurs de la première persécution.

En effet, d'après tous les historiens ecclésiastiques, saint Pierre et saint Paul ne subirent le martyre que quelques années après la première persécution, car ce fut l'an 64 que Néron lança son édit contre les chrétiens, et les deux grands apôtres ne moururent que l'an 67. De plus, les Actes nous disent que Tropez fut témoin du martyre des saints Processus et Martinien, qu'il vit leurs âmes monter au ciel et que cette vision le fortifia dans sa foi : or, ces deux martyrs sont les deux geôliers convertis par saint Pierre dans la prison Mamertine, et martyrisés peu de jours après lui.

Enfin voulons-nous un témoignage d'une grande valeur ? c'est celui des rédacteurs de la *Civiltà Cattolica* (1) qui, dans un article sur Simon Pierre et Simon le Magicien, nomment Tropez au nombre des chrétiens qui assistèrent à une assemblée tenue à Rome par S. Lin, successeur de S. Pierre.

Ce témoignage, on le voit, confirme le récit des Actes. Il est donc vrai, et c'est un fait hors de doute, que Tropez ne subit le martyre, ni pendant l'effervescence de la première persécution, ni avant la mort de S. Pierre et S. Paul. Jusqu'alors il n'était

---

(1) Journal qui s'imprime à Rome, sous les auspices du Saint-Siéges.

que catéchumène et n'était pas connu comme
chrétien. C'est ce qui le mit à couvert des soupçons
de la ville et de la cour. Il put ainsi pénétrer dans
les cachots, consoler les chrétiens et les fortifier
pour le suprême combat.

Mais Dieu, qui réservait à Tropez la palme du
martyre, amena une circonstance solennelle,
pendant laquelle notre héros manifesta publiquement sa foi et attira sur sa tête le courroux de
l'empereur. C'est ce que nous allons raconter.

Depuis que Néron était monté sur le trône, la ville
de Pise avait vu s'élever dans ses murs plusieurs
monuments somptueux. Parmi les édifices dûs à la
munificence impériale, on remarquait surtout un
temple consacré à Diane. Il était de forme ronde,
construit en marbre blanc et revêtu à l'intérieur
de lames d'or resplendissantes : quatre-vingt-dix
colonnes soutenaient sa voûte qui s'élançait dans
les airs à la hauteur de cent pieds : la statue de la
déesse était d'or et de diamants précieux. Mais ce
qui donnait à ce temple un éclat sans pareil, c'est
que Néron voulut y représenter l'immensité du ciel
avec le soleil, la lune et les étoiles; il voulut
même de ce ciel factice faire descendre la pluie
et faire entendre comme dans le lointain le sourd
grondement du tonnerre. Un globe de feu fut
donc suspendu à la voûte azurée de ce nouveau
ciel, c'était le soleil qui dardait ses rayons dans
l'intérieur du temple et parcourait l'étendue de ce
firmament trompeur; puis une pâle clarté rem-

plaçait la splendeur du soleil, c'était la lune formée avec des sortes de verres réflecteurs et des pierres brillantes : de faibles lumières disposées avec art imitaient aussi l'éclat des étoiles, et pour faire tomber la pluie et gronder le tonnerre, Néron avait voulu qu'on plaçât au sommet du temple une voûte d'airain percée de mille trous ; l'eau amenée sur cette voûte par un aqueduc, coulait au travers jusque dans l'intérieur de l'édifice, et en même temps des esclaves faisant rouler par dessus des chariots de bronze, imitaient habilement le grondement du tonnerre.

Tel fut le fameux temple construit à Pise par l'empereur Néron. Quand on connaît jusqu'à quel point certains empereurs romains poussèrent l'extravagance et la folie, quand on sait que Caligula avait fait bâtir une écurie dorée pour son cheval, qu'il le fit nommer sénateur, qu'il fît aussi construire un pont sur un bras de mer, de la distance de plusieurs lieues, dans le seul dessein d'y donner des courses (1), on n'est pas étonné de voir qu'un prince, tel que Néron aît voulu reproduire dans un temple l'image du ciel. Les historiens nous disent que Cosroès, roi de Perse, avait exécuté la même merveille dans une ville de son royaume. D'ailleurs Tacite, le plus grand historien de Rome, nous dit que Néron mettait son ambition à entreprendre les projets les plus incroyables : il nous donne même

(1) *Les Césars* par FRANZ DE CHAMPAGNY, t. 2 pag. 26.

le nom de ses deux premiers architectes , Sévère
et Céler, dont le génie entreprenant ne craignait
pas de surmonter les plus grands obstacles de la
nature (1).

Suétone, autre historien latin , nous apprend
aussi que Néron avait à Rome, dans son palais, des
salles à manger, disposées de telle sorte que, à un
signal du maître , tous les convives étaient arrosés
d'une pluie suave d'eau de roses et de senteurs : la
principale des salles à manger , dit-il encore , était
ronde et tournait jour et nuit sur elle-même en
imitant le mouvement du globe (2).

Après ces preuves authentiques des fantaisies ex-
travagantes conçues dans l'esprit des empereurs romains, il n'est pas difficile d'admettre que Néron
ait construit à Pise un temple merveilleux , tel que
nous le dépeignent les Actes du martyre de saint
Tropez. Paul Tronconi, auteur d'une histoire de
Pise très-estimée, nous dit, à l'appui de ce fait, qu'il
a vu encore de son temps près de la porte de Lucques, à l'endroit où l'on place la construction de
ce temple , les ruines d'un mur antique et les fondements des arches d'un aqueduc. Enfin , ce qui
donne une garantie incontestable au sujet de ce
emple et des événements qui vont suivre , c'est
l'autorité de l'Eglise qui a inséré dans les leçons de
l'Office de saint Tropez, le récit abrégé des faits que
nous racontons.

(1) TACITE, *Annales*, Liv. XV, ch. 42.
(2) SUÉTONE, ch. 3.

Quand le temple fut achevé, Néron en confia la garde à Narcisse, un de ses affranchis, en attendant qu'il vînt lui-même à Pise en faire la dédicace. Au jour fixé, Néron arrive avec toute sa cour. On avait attendu ce jour solennel ponr faire briller aux yeux de la foule les merveilleux phénomènes préparés dans l'enceinte du temple. Néron, assis sur son trône, voyait avec orgueil ce peuple nombreux accouru à son appel. Bientôt le temple est éclairé d'une lumière resplendissante, c'est l'image du soleil qui parcourt l'espace qu'on lui a tracé : l'image de la lune apparaît ensuite, et quand sa course est terminée, elle est remplacée par des étoiles brillantes, fixées à la voûte de ce firmament nouveau; enfin, un signal se donne, et aussitôt les étoiles disparaissent, le ciel est sombre, le tonnerre gronde dans le lointain, et une pluie fine tombe sur les assistants. « Voyez, s'écriait l'empereur, voyez combien grande est la puissance de la déesse, voyez que de merveilles elle fait éclater dans son temple : elle a abaissé le ciel sur nos têtes. »

A ces paroles sacriléges, à cet enthousiasme mensonger, Tropez ne peut contenir l'indignation de son âme : l'esprit de Dieu l'anime, il va courageusement professer sa foi de chrétien : «Que dis-tu, ô César? s'écrie-t-il, il n'y a qu'un seul Dieu véritable, c'est lui qui a fait le ciel et la terre et tout ce qu'ils renferment. »

En entendant ce langage, Néron s'étonne, il

se demande depuis quand un pareil changement s'est opéré dans l'âme de Tropez, car Néron ignorait que son ministre fût chrétien : « César, répond Tropez, je suis de la race de ceux que tu as fait mourir à Rome dans de cruels tourments : j'ai vu leurs âmes monter au ciel et recevoir de la main des Anges la couronne éternelle. — Et c'est toi, reprend le tyran, c'est toi qui viens troubler le peuple avec des doctrines nouvelles ? — Je ne trouble point le peuple, répond Tropez avec calme, mais je dis que les chrétiens seuls seront sauvés. — Qui donc te pousse à parler ainsi ? — L'Esprit de Dieu qui souffle où il veut. — Mais pourquoi renonces-tu à nos dieux ? — Parce qu'ils sont de terre et de bois, mensonge et erreur. — Mais ne vois-tu pas les prodiges que Diane vient d'accomplir parmi nous ? — La déesse que vous adorez, répond alors Tropez n'est qu'une statue de métal, privée de vie et de puissance, et ce ciel que vous avez formé par la main des hommes ne pourra jamais donner la lumière, ni faire tomber la pluie, sans le secours des mêmes hommes. C'est en vain que vous voulez dérober au ciel ses secrets, le Ciel ne supportera pas plus longtemps votre audace sacrilége, car bientôt ce temple croulera, ce soleil et cette lune perdront leur clarté et ce chariot qui sert à imiter le grondement du tonnerre sera précipité du sommet du temple jusque dans le fleuve. »

Ainsi parla Tropez. Néron, en l'entendant, trépignait sur son trône ; la foule s'étonnait, les soldats frémissaient, tous croyaient que l'empereur allait sur-le-champ livrer aux bourreaux cette nouvelle victime. Mais le mérite et les qualités de Tropez eurent assez de force pour arrêter en ce moment, sur les lèvres de l'empereur, la sentence de mort qu'il était prêt à prononcer. Néron crut à une illusion de jeunesse, et il pensa qu'un sursis donné à Tropez le ramènerait bientôt à des sentiments plus dignes : « Réfléchis jusqu'à demain, dit-il à son ministre, car demain tu auras à choisir entre le culte des dieux ou la mort. »

CHAPITRE III

BAPTÊME DE TROPEZ.

Avant d'admettre les nouveaux convertis à la grâce du baptême, l'Eglise les soumettait à l'épreuve du catéchuménat. C'était un temps de préparation et de pénitence, pendant lequel les néophytes recevaient de la bouche des apôtres et des prêtres la connaissance traditionnelle de la foi. Au contact de ces hommes de Dieu, leur cœur se dépouillait de toutes les attaches du siècle, ils se fondaient comme à un moule nouveau, et, leur courage s'inspirant des flammes de l'amour divin, ils devenaient, après ce temps d'épreuve, aussi pleins d'ardeur pour le martyre que pour le baptême.

Tel était Tropez lorsqu'il vint à Pise à la suite de l'empereur. Plusieurs années s'étaient écoulées depuis sa conversion, et il n'avait pas encore reçu le baptême. Cela nous étonne peut-être, mais ce fait n'est pas sans exemple dans l'histoire des premiers siècles de l'Eglise.

Saint Sébastien, qui fut l'un des premiers officiers de la cour de Domitien, ne reçut, lui aussi, le baptême que peu de jours avant son martyre : et c'est une question historique encore débattue à savci.. si l'empereur Constantin fut baptisé aussitôt après sa conversion ou quelque temps avant sa mort. Le désir d'une préparation plus longue, quelquefoisaussi les difficultés du moment, ou, comme pour saint Sébastien, la facilité de rendre à l'Eglise d'éminents services, étaient tout autant de motifs qui décidaient souvent de hauts personnages à dissimuler leur foi et à différer longtemps le baptême (1).

Telles furent les raisons qui firent rester si longtemps Tropez dans les rangs des catéchumènes. Il voulait sans doute se préparer pendant plusieurs années à recevoir la grâce du baptême : mais ce qui le détermina surtout à cette sage résolution, ce fut l'espoir de devenir très-utile à l'Eglise et à ses frères persécutés, grâce à la haute position qu'il occupait à la cour. S'il eût professé publiquement sa foi, il serait devenu suspect à Néron, l'Eglise aurait perdu un défenseur dont elle avait besoin : au contraire, n'étant pas connu comme chrétien et vivant dans l'intimité du palais, il était comme une sentinelle vigilante placée à la droite même de l'empereur.

Plus tard, Sébastien, à la cour de Domitien, continuera la mission de Tropez à la cour de Néron. Nous lisons en effet dans la vie de saint Sébastien (2)

____

(1) Cet usage devint plus tard un abus contre lequel s'élevèrent les saints Pères. Voyez *la Vie de sainte Moniqeu* par M. l'abbé BOUGAUD. 2 édition, pag.117 not. 1.

(2) *Vie des Saints* par le P. GIRY, 20 janvier.

que « l'empereur Dioclétien, voyant ses belles qualités, le fit capitaine de la première compagnie de ses gardes. Il lui commanda de demeurer à la cour, et en fit un de ses familiers. Sébastien, chrétien de cœur et d'affection, ne fit pas extérieurement profession du christianisme, afin de soutenir secrètement ses frères, les chrétiens persécutés. Il les visitait dans leurs prisons, les soulageait, ranimait leur courage, et conservait ainsi beaucoup d'âmes à Jésus-Christ. » C'est ce que Tropez fit aussi : il usa de sa puissance et de son crédit pour protéger l'Eglise, et la mission providentielle qu'il remplit alors explique maintenant pourquoi il différa si longtemps de recevoir le baptême.

Mais quoiqu'il ne soit pas encore régénéré dans l'onde salutaire, Tropez a déjà toute l'ardeur d'un chrétien, et son courage en face de l'impiété sacrilége de Néron nous révèle qu'il est mûr pour le martyre.

Pourtant, avant de recevoir le baptême du sang, Tropez veut régénérer son âme dans le baptême des chrétiens. C'est à ce dernier devoir qu'il va consacrer le jour de sursis que lui a donné l'empereur.

A quelques lieues de Pise, sur le sommet d'une montagne, vivait, retiré dans une retraite profonde un disciple des apôtres nommé Antoine (1); c'était là

(1) Il est honoré à Lucques, comme confesseur, sous le nom de saint Antonin, le 27 avril.

que les chrétiens venaient le visiter, c'était de là aussi qu'il se rendait dans les chrétientés environnantes pour donner à ceux qui le demandaient le secours de son ministère. Tropez connut par un chrétien la retraite du saint vieillard : il sortit de Pise, le soir même du jour où il subit son premier interrogatoire, et nourrissant dans son cœur l'espoir du martyre, il courut à pas pressés vers la retraite du serviteur de Dieu. Il a bientôt franchi l'épaisseur de la forêt, il a gravi la pente abrupte de la montagne, et le voilà en face d'une caverne dont l'ouverture est fermée par une large pierre. Nul doute que le saint vieillard Antoine ne soit enfermé dans cette grotte. Tropez élève la voix et l'appelle : « O Antoine, ô mon père, ouvrez-moi. » Le saint prêtre lui répond : « Qui êtes-vous, ô mon fils ? — Je suis Tropez, votre serviteur. » A ce nom de Tropez, le vieillard Antoine craint un piége de la part de ses ennemis : « Je redoute votre présence, lui dit-il, car vous appartenez à la cour. — Ne craignez rien, ô mon père, répond Tropez, je suis chrétien, j'adore le Dieu du ciel et de la terre, je viens ici pour recevoir le baptême. » A ces paroles, Antoine bénit Dieu du fond de son cœur et relève la pierre qui fermait son obscure retraite. Tropez en le voyant tombe à genoux : « Bénissez-moi, homme de Dieu, lui dit-il, donnez-moi le baptême, versez sur ma tête l'eau sainte qui purifiera mon âme et me donnera les dons du Saint Esprit. — Relevez-vous, lui dit Antoine, asseyez-vous ici et dites-moi par quel prodige de la grâce, le Seigneur vous a converti. »

Tropez raconte alors au saint prêtre comment, déjà gagné à la foi chrétienne par l'apôtre saint Paul, il était resté jusqu'à ce jour dans les rangs des catéchumènes, et comment, animé par l'esprit divin, il avait opposé à l'orgueil sacri-lége de Néron la profession publique de sa foi.

En entendant ce récit, Antoine est ému jus-qu'aux larmes : il ne peut plus longtemps dif-férer de donner à Tropez le baptême, car Tropez en est digne et l'heure de son martyre approche. Prenant donc par la main cet illustre néophyte, Antoine le conduit jusqu'au pied de la montagne où coulait un ruisseau d'une eau claire et lim-pide : « O mon père, s'écrie Tropez en aperce-vant ce ruisseau ; voici de l'eau pour me baptiser. — Croyez-vous, lui demande le saint vieillard, croyez-vous au Père, au Fils et au Saint Esprit ? — Je le crois, répond Tropez, et avec l'aide de Dieu, j'espère signer ma foi par le témoignage de mon sang. » En prononçant ces mots, Tropez tombe à genoux, dépose à terre le casque qui couvre sa tête, joint les mains sur sa poitrine en forme de croix et s'incline profondément. Le saint vieillard prenant de l'eau, la bénit et la verse sur la tête de Tropez en disant : Je te bap-tise au nom du Père, et du Fils, et du S. Esprit.

Que ce spectacle dut être émouvant ! C'était pendant la nuit, au milieu des bois, sur les bords d'un ruisseau, qu'un des ministres de l'empereur Néron, agenouillé aux pieds d'un pauvre prêtre, recevait humblement le baptême ! Quelques années auparavant le diacre Philippe baptisait aussi au bord d'un ruisseau, sur le chemin de Damas, l'eunuque de la reine Candace. Ce spectacle était assurément plein de poésie et de charme, mais ici et là solitude des bois et les ténèbres de la nuit, qu'éclaire, peut-être, la pâle clarté de la lune, donnent au baptême de Tropez un je ne sais quoi de mystérieux qui ravit l'âme et l'élève au-dessus d'elle-même. Personne ne fut présent à cet acte solennel, seuls les anges descendirent du ciel et se rangèrent nombreux autour d'Antoine et de Tropez pour être les témoins silencieux de cette scène attendrissante.

Les Actes ne nous disent pas si Tropez, après avoir reçu le baptême, reçut aussi de la main d'Antoine le pain sacré de l'Eucharistie. Mais il ne peut y avoir un seul doute sur ce point. L'Eglise, dès les premiers siècles, était si vigilante à fortifier de cette nourriture céleste les chrétiens qui marchaient au supplice, qu'elle faisait porter jusque dans les prisons, par des mains dévouées et fidèles, le pain sacré de la communion. Tropez, à la veille de son martyre, ne pouvait donc être privé de ce divin viatique : aussi croyons-nous que le saint prêtre Antoine célébra dans la grotte les divins mystères, et qu'il distribua à Tropez la chair auguste de son Dieu.

Cependant l'aurore commençait à poindre, il fallait songer au retour. Tropez se jette une dernière fois aux pieds du saint prêtre et lui demande sa bénédiction : « Que l'ange de. Dieu vous accompagne », lui dit le saint vieillard en le bénissant ; puis il le relève, le presse sur sa poitrine, l'embrasse les yeux pleins de larmes, et lui promet la victoire dans le suprême combat qu'il va livrer contre Néron. Les deux serviteurs de Dieu se séparent ensuite. Antoine remonte vers sa caverne pour s'y livrer de nouveau à la prière, et Tropez reprend joyeux le chemin qui doit le ramener à Pise.

Voyez-le cet intrépide guerrier devenu maintenant le soldat du Christ! la pensée du martyre ne saurait l'effrayer ; il connaît les tourments qu'on lui prépare, car Néron dans l'excès de sa rage ne lui ménagera ni les humiliations, ni les souffrances ; mais n'importe, une joie céleste le domine, il va d'un pas pressé, il a hâte de se présenter devant l'empereur, car pour lui, comme pour tous les soldats du Christ, marcher à la mort c'est voler à la gloire.

Mais si Tropez ressentit en lui-même après son baptême des sentiments si généreux, les consolations du ciel ne lui manquèrent pas. Non loin de la ville un ange lui apparut. A sa vue Tropez s'étonne, mais l'ange le rassure et lui dit qu'il vient l'encourager à soutenir jusqu'à la fin son bon combat, que la couronne éternelle lui est réservée ; il lui annonce ensuite qu'il aura la tête tranchée, que sa tête sera honorée à Pise et que son corps, transporté dans un pays étranger, y recevra l'hommage et la vénération des habitants.

Quand cette vision eut disparue, Tropez rentra dans la ville et alla se préparer dans le silence et la prière à la nouvelle épreuve qu'il devait bientôt subir.

CHAPITRE IV

MARTYRE DE TROPEZ.

Quand l'heure est arrivée, Tropez est introduit dans une salle du palais, où était Néron entouré de ses officiers. A sa vue, des bruits confus s'élèvent dans la salle : « Mort au sacrilége, au profane, au blasphémateur du nom sacré de Diane ! » s'écrient tous les courtisans. Mais ces injures pleines de menaces n'émeuvent point Tropez ; il a si souvent bravé le danger sur le champ de bataille, qu'il ne reculera pas aujourd'hui devant la mort qu'on lui prépare. D'ailleurs, son sacrifice est résolu, il va échanger contre la couronne éternelle, une vie périssable dont il connaît depuis longtemps les trompeuses espérances. Il s'avance donc devant le trône de l'empereur et professe de nouveau sa foi de chrétien. « Le culte que vous rendez à Diane, dit-il, est un culte sacrilége, et il n'y a pas d'autre Dieu que celui que j'adore. » En entendant cette énergique profession de foi, Néron écume de colère, il ne peut en douter, Tropez a renoncé au culte des idoles il appartient à cette religion nouvelle qui méprise les dieux de l'empire : Tropez a mérité la peine de mort. Aussi Néron prononce contre son ministre la sentence suprême et il ordonne qu'on l'enferme dans un noir cachot, jusque au jour où on le conduira au dernier supplice.

Néron ne présida point à l'exécution de la sentence ; soit que des affaires imprévues et les besoins de l'empire l'appellassent à Rome, soit que son départ eut été déjà fixé, Néron quitta le jour même la ville de Pise, pour rentrer dans sa capitale, mais il laissa à Satellicus, officier de sa cour et son parent (1), l'ordre de faire sabir à Tropez sa peine

L'histoire nous a conservé le récit des supplices infligés aux chrétiens pendant les persécutions. La cruauté humaine atteignit alors le paroxysme de la rage et pour ce qui regarde la première persécution en particulier, l'historien Tacite nous révèle des détails horribles. « La mort des chrétiens, dit-il, devint un divertissement public. On les revêtai de peaux de bêtes et on les faisait mettre en pièces par des chiens : on les crucifiait, on enduisait leur corps de poix, de résine ou de cire : on les transformait en lampadaires pour éclairer durant la nuit. Néron voulut donner des spectacles de ce genre dans les jardins même de son palais. A la lueur de ces torches homicides, il organisait des courses comme au cirque, tantôt conduisant lui-même les chars, tantôt présidant aux luttes. On finit par plain-

(1) Il existe parmi les Tropéziens une erreur très-ropandue : saint Tropez, dit-on, a été mis à mort par son père. Cela est faux , Satellicus était le parent de Néron non le père de saint Tropez.

dre ces hommes, continue Tacite, tant on compre-
nait qu'ils étaient immolés à la cruauté d'un tyran
et non à la vindicte publique. » (1) On sait aussi
qu'un grand nombre furent donnés en pâture aux
bêtes de l'amphithéâtre, que d'autres furent battus
de verges et eurent la tête tranchée.

Nous pouvons juger par ces détails effrayants,
du sort réservé à Tropez s'il persévère dans sa foi.
C'est le propre des courtisans d'imiter aussi bien
les vertus que les vices de leur maître, voilà pourquoi Satellicus se fera cruel comme Néron, ce sera
pour lui une nouvelle occasion de mériter ses bon-
nes grâces. Il est d'ailleurs muni de pleins pouvoirs:
ramener, s'il le peut, Tropez au culte des idoles,
en l'exposant à toute sorte de supplices, tel est
l'ordre qu'a laissé avant son départ le cruel empereur.

Satellicus fait d'abord paraître Tropez devant lui,
l'engage de nouveau à renoncer à la religion chrétienne, mais Tropez persiste dans l'affirmation de
sa foi. Satellicus irrité le renvoie en prison en disant :
« Je verrai si ton Dieu saura te délivrer des mes
mains. » Il ordonne ensuite que pendant trois jours
les bêtes destinées aux jeux de l'amphithéâtre ne
reçoivent point de nourriture, afin d'aiguiser leur
faim et d'exciter encore davantage leur naturelle
cruauté : car c'est aux bêtes que Satellicus veut
jeter en pâture le corps de Tropez. Pendant ces trois

_____

(2) TACITE. *Ann.* liv. XV. chap. 44.

jours aussi, Tropez ne doit recevoir dans sa prison aucune nourriture.

Les trois jours écoulés, Tropez est descendu dans la fosse des bêtes, mais, ô prodige ! au lieu de se jeter sur lui et de le dévorer, les bêtes féroces le respectent et ne lui font aucun mal. Dieu préserva Tropez de la dent cruelle des lions et des léopards, comme autrefois il en préserva le jeune Daniel à Babylone.

Satellicus s'avouera-t-il vaincu? Il n'en est que plus irrité et médite contre Tropez de nouvelles tortures : mais nous allons voir encore la puissance divine venger l'héroïque confesseur de la foi et couvrir de honte ses persécuteurs.

Retiré de la fosse aux lions, Tropez est condamné à être flagellé. D'après les lois romaines, ce supplice était réservé aux esclaves, il était trop humiliant pour être infligé à un citoyen romain, et saint Paul répondit au gouverneur de la Judée qui voulait le faire battre de verges : *civis romanus sum*, je suis citoyen romain. Mais que deviennent les lois dès que règne un tyran ? et saint Paul lui-même épargné en Judée par le proconsul romain sera flagellé à Rome par l'ordre de Néron (1). Tropez subira donc l'humiliante torture de la flagellation.

Satellicus veut donner à ce nouveau supplice auquel il condamne Tropez la plus grande publicité. Il le fait conduire sur la place de Pise, au milieu de laquelle se trouvait une colonne très-élevée.

(1) DARRAS, *Hist. de l'Eglise,* t. VI ch. V. n. 41.

Des soldats y attachent Tropez, après l'avoir dé-
pouillé de ses vêtements, puis ils le soufflettent sur
la figure, et les mains armées de verges, ils frap-
pent à coups redoublés sur le corps de cette noble
victime : bientôt des plaies se forment, le sang
coule de toute part, la terre en est inondée. Que
fait Tropez pendant ce temps? Il lève les yeux au
ciel, pense à la flagellation de son divin Maître et
se réjouit d'avoir été jugé digne de souffrir pour le
nom de son Dieu : il prie en même temps le Seigneur de lui donner le secours de sa grâce et de
glorifier son nom puissant en présence des païens.
Tropez avait à peine fini cette prière que les liens
qui le retenaient à la colonne se brisent, la colonne
elle-même tombe à terre et écrase dans sa chute
un grand nombre d'assistants parmi lesquels Satellicus lui-même. Ainsi se manifeste la vengeance
divine en faveur de Tropez.

Grand fut l'émoi de toute la foule à la vue d'un
tel événement. Les uns demandent grâce pour Tropez, d'autres irrités déclarent à grand cris qu'il faut
en finir au plus tôt avec ce blasphémateur des dieux
et cet ennemi du peuple : Silvinus, fils de Satellicus,
est le plus furieux de tous ; il prend la place de son
père dans l'exécution de la sentence et cédant aussitôt à un accès de rage, il saisit son épée et se jette
sur Tropez pour le percer de part en part. Mais soit
que Dieu voulut encore protéger son serviteur, soit
que le coup fut mal dirigé, Tropez ne reçut qu'une
légère blessure. Silvinus alors redouble de fureur,

il lève son glaive pour frapper une seconde fois, mais ceux qui l'entourent arrêtent son bras en disant que Tropez méritait une mort plus douloureuse et plus humiliante .

On apporte alors une roue garnie de pointes de fer, on y étend Tropez pour disloquer ses membres mais à peine cet instrument de supplice a-t-il touché le corps du saint Martyr qu'il se brise en mille pièces, c'était une nouvelle défaite. Dieu vengeait encore son serviteur, il fallut songer à un autre supplice.

Les épreuves de ce premier jour avaient été déjà assez nombreuses, Silvinus jugea bon de renvoyer au lendemain le nouveau supplice qu'il voulait encore tenter. C'est en vain que la puissance divine s'est manifestée tant de fois en faveur de Tropez, c'est en vain que parmi les assistants un grand nombre demandent sa grâce, Silvinus n'écoute rien : il veut à tout prix venger la mort de son père et exécuter les ordres de l'empereur.

Quel supplice choisira-t-il ? Il veut que Tropez soit jeté en pâture aux bêtes, non point cette fois en secret, dans les fosses mêmes où ces bêtes étaient retenues captives, mais en public, au milieu de l'amphithéâtre, afin que la mort de Tropez serve d'amusement à la foule.

On sait quelle fut toujours la passion des anciens Romains pour les spectacles sanglants de l'amphithéâtre, et l'histoire nous dit que le peuple ne cessait de demander à ses empereurs deux choses pour lui indispensables: du pain et les jeux du cirque, *panem et circenses*. Pour satisfaire des goûts si sanguinaires, les empereurs avaient choisi des esclaves forts et vigoureux qu'ils condamnaient à lutter corps à corps contre les bêtes les plus féroces ; ces malheureux étaient si certains de la mort qui les attendait dans une lutte aussi inégale qu'ils disaient en entrant dans l'arène et en passant devant le trône de l'empereur : César, ceux qui vont mourir te saluent : *Cæsar, morituri te salutant*. D'autres fois, comme si de tels spectacles ne suffisaient pas aux instincts farouches du peuple, les empereurs livraient sans défense à la dent cruelle des lions et des tigres les prisonniers de guerre et les condamnés à mort. Pendant les siècles de persécution, ce supplice barbare devint pour les empereurs romains un moyen facile d'exterminer les chrétiens et de fournir en même temps de nombreuses victimes aux divertissements du peuple. Le martyrologe romain nous a conservé le nom d'une foule de martyrs qui moururent dans l'amphithéâtre dévorés par les bêtes. Ce fut à ce genre de mort que Silvinus condamna Tropez.

Le peuple vint ce jour-là se presser plus nombreux qu'à l'ordinaire sur les gradins des arènes de Pise. C'était chose rare, chose inouïe, peut-être, que de voir un officier de la cour, un ministre de l'empereur dévoré par les lions de l'amphithéâtre ; chacun voulut assister à ce spectacle nouveau.

Tropez est donc conduit au milieu de l'arène et

attend avec calme qu'on lance contre lui les bêtes qui le dévoreront. Un lion sort le premier du fond de son repaire : ses rugissements plusieurs fois répétés font tressaillir la foule, il va droit à Tropez, s'élance pour le dévorer, mais Tropez fait le signe de la croix et aussitôt le lion terrassé par une main invisible tombe mort à ses pieds. Un léopard venait ensuite : la puissance divine va se manifester encore, car le léopard en entrant dans l'arène semble avoir perdu ses instincts de cruauté, il courbe la tête et vient se coucher aux pieds du saint martyr qu'il caresse et lèche avec sa langue.

Tant de prodiges étaient de nature à remuer profondément les âmes droites et sincères : certes, la voix du ciel parlait assez haut, et il fallait être bien endurci pour ne pas l'entendre ; aussi la grâce divine choisissait-elle toujours ces heureux moments pour gagner à la foi quelque nouvelle conquête. Nous lisons, dans les divers actes des martyrs que le spectacle de leur mort, de leur patience dans les tortures, et surtout la vue des merveilles éclatantes par lesquelles Dieu rendait impuissants tous les genres de supplice auxquels on les exposait, convertissait toujours quelqu'un des spectateurs, quelquefois même les geôliers et les bourreaux : ainsi se vérifiait à la lettre cette parole que dira plus tard Tertullien : *Sanguis martyrum, semen christianorum,* le sang des martyrs est une semence de chrétiens.

Or, ces merveilles de la grâce se manifestèrent

aussi au martyre de Tropez. Il y avait, parmi les spectateurs, un noble patricien, nommé Evellius, officier de la cour de Néron, membre de son conseil et par-là même compagnon d'armes et collègue de Tropez. Comment Evellius était-il resté à Pise après le départ de l'empereur? Les Actes n'en disent rien : peut-être Evellius avait-il une affaire administrative à terminer, peut-être aussi avait-il été désigné par Néron pour assister Satellicus et Silvinus dans l'exécution de la sentence qui condamnait Tropez à mort. Quoiqu'il en soit, Evellius était à Pise, il assistait au martyre de Tropez, il en avait suivi toutes les phases et il dut être un de ceux qui demandèrent grâce pour lui après les premières épreuves. Les prodiges de la veille l'avaient déjà ébranlé; mais quand il vit les bêtes de l'amphithéâtre respecter Tropez, son âme encore hésitante fut entièrement convaincue et il se déclara ouvertement chrétien. C'était une nouvelle victime qui se vouait d'elle-même à la mort, car Evellius, de retour à Rome, fut dénoncé à l'empereur Néron qui le condamna à avoir la tête tranchée. Le martyrologe romain confirme ce fait de la conversion d'Evellius pendant le martyre de Tropez. et place sa fête au 11 mai qui fut probablement le jour de son martyre.

Après avoir fait sortir Tropez du milieu de l'amphithéâtre, Silvinus voulut essayer d'un dernier expédient. Bien loin de reconnaître le doigt de Dieu qui avait glorifié son serviteur, Silvinus attribue aux sortiléges et à la magie la protection surnaturelle dont Tropez est entouré. Il pensait d'ailleurs sur ce point comme tous les païens de son temps. « C'est donc en vain, se dit-il à lui-même, que j'enverrais Tropez à de nouvelles tortures, elles n'auraient pas de résultat plus heureux. » Il se résigne alors à laisser la vie sauve à Tropez, si Tropez renonçant à son Dieu sacrifie aux idoles. C'est pourquoi Silvinus ordonne aux soldats de conduire Tropez jusqu'au temple de Diane, afin qu'il y offre de l'encens à la déesse.

Mais Dieu avait d'autres desseins : il voulait de nouveau glorifier son serviteur et montrer à tout le peuple la vanité du culte des idoles. On se souvient que Tropez avait dit à Néron en lui reprochant son impiété sacrilége : « Bientôt ce temple croulera, ce soleil et cette lune perdront leur clarté, et ce chariot qui sert à imiter le grondement du tonnerre sera précipité du sommet du temple jusque dans le fleuve. » Le moment est venu où va se vérifier d'une manière éclatante la prédiction de notre Saint. Il marche donc vers le temple de Diane, une foule énorme le suit, et pendant sa marche il prie le Seigneur de manifester sa puissance et de venger la gloire de son nom. Le cortége n'était pas encore arrivé, que déjà la justice de Dieu, semblable à un vent impétueux, passait sur le temple et le renversait de fond en comble : l'œuvre de Néron était détruite en entier ; du soleil, de la lune et des étoiles, il ne restait plus une trace, et le chariot tombant du haut du temple, alla rouler jusque dans les eaux du fleuve (1).

A la vue de ces prodiges, disent les Actes, un grand nombre de païens se sentirent ébranlés dans leurs croyances, et doutèrent dès ces jour de la puissance de leurs dieux. Les Actes ne nous disent rien de plus à ce sujet, mais nous aimons à croire, que ces mêmes païens embrassèrent plus tard la religion chrétienne, et ainsi le martyre de Tropez, comme celui de bien d'autres martyrs, donna lieu à un grand nombre de conversions.

Mais, bien loin d'ouvrir les yeux pour reconnaître la puissance du Dieu qui protégeait Tropez, Silvinus redouble de rage contre sa victime. La chute du temple est pour lui une nouvelle défaite, aussi jure-t-il d'en finir au plus tôt avec son prisonnier. Il prend donc sur-le-champ une résolution énergique et condamne Tropez à avoir la tête tranchée, car il est persuadé que la puissance occulte et magique, dont il croit Tropez investi, ne pourra pas arrêter le main sûre du bourreau. Cette fois, Silvinus réussira dans ses projets sanguinaires, car c'est de ce genre de mort que Dieu veut couronner le martyre de Tropez. La puissance divine s'était jusqu'alors visiblement manifestée, Dieu avait glorifié son serviteur, mais il ne voulait pas maintenant le priver de la gloire du martyre.

Plusieurs s'étonneront peut-être à la vue des

(1) Le fleuve de l'Arno.

prodiges nombreux que les Actes nous racontent au sujet du martyre de notre Saint. Mais si l'on veut bien considérer que les miracles servent de fondement à la religion chrétienne, et qu'aux premiers siècles de l'Eglise surtout, ils étaient nécessaires pour recommander la doctrine évangélique à la foi des peuples, tout étonnement cessera. Car pour convaincre les païens de la vanité de leurs idoles et faire accepter à des cœurs corrompus la morale austère de l'Evangile, il ne fallait rien moins que l'autorité incontestable de Dieu se manifestant par des miracles. Les prodiges qui signalèrent le martyre de notre Saint, furent, il est vrai, bien frappants ; mais si nous lisons les actes d'un grand nombre de martyrs, nous verrons que Dieu prit leur défense en face des tyrans, et les couvrit, comme Tropez, du manteau de sa protection. Pour n'en citer que quelques exemples, disons que saint Jean l'Evangéliste plongé dans une chaudière d'huile bouillante en fut retiré sain et sauf. Saint Polycarpe, évêque de Smyrne, fut placé sur un bûcher auquel on mit le feu, mais les flammes se divisant respectèrent son corps ; les bourreaux, pour en finir, lui percèrent le côté avec un glaive, et le saint vieillard tomba baigné dans son sang ; saint Eustache, saint Janvier, saint Christophe, sainte Martine et un grand nombre d'autres, exposés aux bêtes ou aux flammes, furent aussi miraculeusement préservés, et il fallut pour les faire mourir qu'on leur tranchât la tête.

Les prodiges merveilleux, que nous avons racontés jusqu'ici au sujet du martyre de Tropez, ne sauraient donc nous étonner. Bénissons au contraire le Seigneur d'avoir manifesté sa puissance et rehaussé la gloire de notre illustre martyr en présence de ses bourreaux. Par ces prodiges, le nom de Tropez grandit aux yeux de la postérité, et nous qui nous glorifions de l'invoquer comme notre protecteur et notre père, soyons heureux et fiers des merveilles étonnantes qu'il a plu au Très-Haut d'opérer en sa faveur.

Mais suivons ce généreux soldat du Christ sur la route de son supplice : l'heure est venue où il va cueillir dans une mort glorieuse la palme sanglante du martyre.

Quoique les Actes n'en disent rien, il est à croire cependant que Silvinus renvoya au lendemain l'exécution de la sentence : car les heures durent vite s'écouler au milieu du bruit et du tumulte excités dans la foule par les deux circonstances miraculeuses des jeux de l'amphithéâtre et de la ruine du temple. Il fallait encore que Tropez fût conduit assez loin de la ville, à l'embouchure de l'Arno, afin que son corps décapité fût, d'après la sentence de condamnation, jeté dans la mer. Enfin, des préparatifs étaient nécessaires pour l'exécution de cette sentence, le même jour ne pouvait donc suffire. Voilà pourquoi nous ne croyons pas être téméraires en supposant que la décapitation de Tropez n'eut lieu que le lendemain.

Quand tout fut prêt, Silvinus donna aux soldats et aux bourreaux l'ordre du départ. Tropez se livre dans leurs mains et se laisse traîner; comme un criminel, vers le lieu de son supplice. Il est bientôt hors de la ville et arrive, après une heure de marche, sur le bord de la mer, à l'embouchure de l'Arno. Là, le cortége s'arrête et les bourreaux font les derniers préparatifs pour la suprême exécution. Que fait Tropez pendant ce temps? Les mains liées derrière le dos, il s'agenouille sur le sable du rivage, et les yeux levés au ciel, il prie pour la dernière fois, comme son divin Maître, il prie pour ses bourreaux, il remet son âme entre les mains de Dieu. Bientôt on voit son front s'illuminer d'une joie toute céleste, c'est le ciel qui s'ouvre devant lui, il lui tarde d'aller au plus tôt recevoir la récompense. Mais le bourreau a tiré son épée, Tropez courbe la tête, présente son cou au fer homicide; le bourreau frappe et dans un instant le sacrifice est consommé, la tête du saint Martyr roule jusqu'à terre et son corps inondé de sang tombe inanimé sur le rivage.

Ce fut le 29 du mois d'avril que Tropez termina son glorieux martyre; les passionnaux les plus anciens, comme aussi les Martyrologes d'Usuard, d'Adon, de Raban-Maur et le Martyrologe romain sont unanimes sur ce point. Les Bollandistes regardent la date de ce jour comme certaine. On ne fait néanmoins la fête du saint Martyr que le 17 mai, à cause de la translation de ses reliques, qui se fit en ce jour, ainsi que l'annonce le Martyrologe romain. Pourtant cette fête se célébrait primitivement le 29 avril dans les égliees de Pise et de Gênes. A Pise on se

conforma au martyrologe romain en célébrant la
fête de saint Tropez le 17 mai; on voulut néanmoins
conserver l'antique fête du 29 avril.

Quant à l'année du martyre de notre Saint, aucun
Martyrologe, ni ancien manuscrit ne la font connaître, mais on la fixe communément à l'an 68. On
est arrivé à cette date en se basant sur les données
suivantes : d'une part, saint Tropez survécut au
martyre des saints Pierre et Paul, nous l'avons dé-
montré plus haut; d'autre part, il mourut sous
l'empereur Néron, c'est un fait incontestable : or,
saint Pierre et saint Paul accomplirent leur martyre
le 29 Juin de l'an 67 : c'est une date admise par
l'Eglise entière, puisque le 29 juin 1867, le grand et
immortel Pontife Pie IX célébra à Rome, au milieu
du concours des évêques, des prêtres et des fidèles
venus de tous les points de l'univers catholique, le
18ᵉ centenaire du martyre de ces deux grands apôtres; et Néron mourut le 9 juin 68. Il paraît donc
évident que le martyre de saint Tropez eut lieu
quelques mois avant la mort de Néron, c'est-à-dire
le 29 avril 68.

Cette date, on le voit, basée sur deux faits reconnus, n'est pas seulement une date probable, mais
une date certaine. Ce fut en s'appuyant sur ces
données historiques, que le curé de l'église paroissiale de Saint-Tropez à Gênes célébra en 1868, avec
la plus grande solennité, le 18ᵉ centenaire du martyre de notre saint, comme l'Eglise toute entière
avait célébré, l'année précédente, le 18ᵉ centenaire
du martyre des saints Pierre et Paul.

CHAPITRE V

LE CORPS DE TROPEZ, EXPOSÉ A LA MER ARRIVE SUR LES COTES DE LA PROVENCE.

Quoique Tropez ait déjà subi la peine capitale, Silvinus ne paraît point satisfait. Il veut encore infliger aux restes de sa victime de nouvelles humiliations. Il laisse donc abandonnée sur le rivage, exposée aux insultes de la foule, la tête sanglante du Martyr, tête sainte et précieuse que les chrétiens recueillirent et qui, de nos jours, est vénérée à Pise, dans une église dédiée à notre Saint. Il ordonne ensuite aux bourreaux de jeter dans une vieille barque le corps inanimé de Tropez, en plaçant à ses côtés un coq et un chien pour compagnons. Puis, confiant cette frêle embarcation au courant du fleuve, Silvinus la suit des yeux jusqu'à ce qu'elle arrive en pleine mer. Il déclare ensuite sa tâche terminée, et revient à Pise dans l'attitude d'un triomphateur.

Un pareil genre de supplice infligé au cadavre de saint Tropez ne peut manquer de nous surprendre, et on se demande avec raison ce que signifient le coq et le chien exposés à la mer avec le corps du saint Martyr? Mais les Bollandistes nous font remar-

quer que ce supplice trouvait son explication dans
la loi romaine qui punissait les parricides.

Il existait, en effet, une loi, nommée la loi Pom-
pœa, du nom de Pompée qui l'avait fait voter, loi
d'après laquelle tout parricide devait être cousu
dans un sac avec un chien, un coq, une vipère et
un singe, et être ensuite jeté au fond de la mer (1).
Or aux yeux de Silvinus, Tropez jusqu'alors comblé
des faveurs de son maître et maintenant révolté
contre lui en foulant aux pieds les dieux de l'empire,
Tropez est un ingrat, un traître, un parricide digne
à tous les égards du supplice réservé à de pareils
criminels. De cette manière encore, la mort de
Tropez sera accompagnée d'une circonstance humiliante, elle revêtira un caractère d'infamie, car
aux yeux des Romains ce n'était pas mourir
ignominieusement que d'avoir la tête tranchée ;
enfin, par ce genre des supplice, Silvinus se déli-
vrera pour toujours du corps de sa victime, et
il ne craindra pas qu'une puissance occulte le rende
jamais à la vie. Tels furent les motifs qui détermi-
nèrent Silvinus à condamner Tropez quoique décapité, au supplice humiliant des parricides.

Les circonstances l'amenèrent pourtant à introduire dans l'exécution de la sentence quelques
légers changements. Il était difficile de se procu-

(1) L'empereur Claude, dit Franz de Champagny, retablit
l'ancien supplice des parricides. (*Les Césars*, tom. 2 pag. 64,
4me édit.)

rer à l'instant une vipère et un singe. Silvinus se
contenta de placer dans la barque un chien et un
coq, animaux domestiques ; il était aussi inutile de
coudre dans un sac le corps du supplicié, car un tel
moyen n'était nécessaire que pour noyer le parricide encore vivant et lui enlever tout espoir de
salut : mais Tropez est mort, il est décapité, une
vieille barque toute crevassée suffira donc pour le
conduire en pleine mer et le livrer ensuite en
pâture aux poissons, si déjà le chien et le coq ne
se sont jetés sur lui pour déchirer ses membres et
le dévorer.

Mais Dieu qui a délivré Tropez de la dent cruelle
des lions, l'abandonnera-t-il maintenant au milieu
des dangers d'un élément perfide et permettra-t-il
que de vils animaux profanent d'aussi glorieuses
dépouilles ? Non ; le Dieu des chrétiens est le Dieu
fort et puissant, il manifeste quand il le veut la
gloire de ses saints. Ne craignons donc point pour
Tropez une fin aussi triste. Le coq et le chien,
comme quelques jours auparavant les bêtes de
l'amphithéâtre, ne le touchent pas même, la vieille
barque n'est pas submergée sous les flots, mais un
ange prenant en main le gouvernail de cette frêle
nacelle, la dirige vers la terre que Dieu lui a montrée. Quelle fut cette terre et quel peuple privilégié
reçut-il ces précieuses reliques que le ciel lui
envoyait ? Disons-le vite, c'est notre gloire, gloire
légitime dont nous sommes fiers et que jamais
nous ne céderons à personne : la barque sur laquelle

était porté le corps décapité du saint Martyr Tropez aborda heureusement sur les côtes de la Provence, près du lieu où s'élève aujourd'hui la ville de Saint-Tropez.

Ces côtes n'étaient pas inhabitées : elles étaient garnies de plusieurs ports ou stations maritimes, dont l'Itinéraire d'Antonin nous a conservé les noms. De *Forumjulii* (Fréjus) à *Telo Martius* (Toulon), la plus importante de ces stations était *Heraclea Cacabaria*, colonie d'origine grecque, comme son nom l'indique, bâtie près de l'emplacement qu'occupe la ville actuelle de Saint-Tropez. Ce fut aux environs de ce port, situé à l'entrée du golfe, *ad portum Sinus*, comme disent les Actes, c'est-à-dire du golfe Sambricitain, *sinus Sambracitanus*, appelé plus tard golfe de Grimaud et aujourd'hui golfe de Saint-Tropez que les saintes reliques abordèrent.

Héraclée comptait alors, comme toutes les villes principales du littoral, un assez grand nombre de chrétiens, parmi ceux-ci était une matrone romaine, riche et vertueuse, nommé Célérine ; elle eut pendant la nuit une vision : un ange lui apparut et lui annonça que le corps d'un saint martyr nommé Tropez, décapité a Pise, venait d'aborder non loin de la ville, sur le rivage de la mer : c'était là qu'elle devait aller le recueillir pour l'ensevelir dignement. Célérine se lève aussitôt, annonce aux chrétiens l'heureuse nouvelle, et tous ensemble courent à la recherche de ces reliques précieuses. Les Actes nous disent que Dieu mit d'abord à l'épreuve la foi de ces fervents chrétiens: ceux-ci ne trouvaient pas le corps qu'il venaient chercher, mais ayant entendu le chant d'un coq, ils se dirigèrent de ce côté, et trouvèrent prise entre deux rochers la barque miraculeuse qui portait le corps du saint Martyr (1).

Où cacher maintenant ce dépôt précieux ? On était au temps des persécutions, et il ne fallait pas éveiller les soupçons des païens. Ces saintes reliques furent d'abord conservées dant un lieu solitaire, où elles reçurent en secret l'hommage des premiers chrétiens. Mais quand l'ère des persécutions eut

(1) A l'arrivée des saintes reliques, dit-on, les chrétiens de Grimaud voulurent disputer à nos pères l'honneur de les posséder, mais le coq ayant pris son vol dans les airs, on décida d'un commun accord que ce précieux dépôt serait enseveli à l'endroit même où le coq s'abattrait. Les chrétiens d'Héraclée eurent alors gain de cause, car le coq s'arrêta près de leur ville à l'endroit où plus tard fut batie la chapelle de Saint-Tropez. On reconnait facilement dans ce récit une de ces légendes imaginaires que le peuple accepte toujours volontiers, et il nous suffira de dire pour en montrer l'absurdité que, à l'époque dont nous parlons, Grimaud n'existait pas encore.

Si maintenant nous recherchons l'origine do ces erreurs populaires que nous avons pris à tâche de réfuter dans cette notice, erreurs très-répandues dans notre ville, nous croyons l'avoir trouvée dans le poëme provençal du troubadour Raymond Féraud intitulé : *La Vida dé sant Troupé*. Ce poëme, comme celui de *La Vida dé sant Honourat*, du même troubadoúr, est cité par les auteurs comme une œuvre pleine d'anachronismes et de puérilités. Nous aurions voulu éditer comme appendice à ce livre, *La Vida dé sant Troupé* mais des hommes compétents nous ont assuré qu'elle n'existait plus.

passée, nos pères voulurent les exposer publiquement
à la dévotion des fidèles. Ils bâtirent à l'endroit
même, où s'élève aujourd'hui l'église du monastère
de la Présentation, une chapelle dans laquelle le
corps de saint Tropez fut solennellement tranféré.

Cette translation eut lieu le 17 mai, au milieu
d'un grand concours de prêtres et de fidèles. Les
habitants voulurent conserver le souvenir de cette
solennité, et ils en firent tous les ans l'anniversaire.
De là vint l'usage de célébrer la fête de saint Tropez le 17 mai, au lieu du 29 avril, jour où notre
Saint termina son martyre. Cet usage, suivi d'abord
dans les églises des Gaules, comme nous l'indi-
quent les Martyrologes d'Usuard et d'Adon, fut
ensuite adopté par l'Eglise Romaine. De là il s'est
répandu dans l'Eglise tout entière ; et même les
églises de Gênes et de Pise, où le saint Martyr était
déjà honoré le 29 avril, ont abandonné leurs traditions particulières pour se conformer au rit univer-
sel de l'Eglise. Pise, il est vrai, a conservé, avec
l'autorisation du Saint-Siége, son antique fête du
29 avril, mais elle en célèbre une seconde le 17 mai.
C'est ainsi, constatons-le avec bonheur, que toutes
les églises qui suivent la liturgie romaine, célè-
brent la fête de notre glorieux Patron le jour même
où ses reliques, après les orages de la persécution,
furent exposées publiquement à la vénération des
fidèles dans l'église que la piété de nos pères éleva
en leur honneur.

Qu'on ne dise pas que cette translation, dont

nous parle le Martyrologe romain, n'est autre que l'arrivée miraculeuse du corps du saint Martyr sur les côtes de la Provence, les Bollandistes n'en jugent pas ainsi ; ils nous apprennent que par cette translation il faut entendre la solennité dans laquelle les reliques de saint Tropez, extraites du lieu où elles étaient cachées, furent transférées dans l'église destinée à les recevoir, comme cela est arrivé à cette époque pour les reliques d'un grand nombre d'autres martyrs.

Dès ce jour le culte de saint Tropez se répandit dans la contrée ; son tombeau fut visité par les nombreux marins qui arrivaient dans le port, et la ville heureuse, qui possédait d'aussi précieuses reliques changea son nom païen d'Héraclée en celui de Saint-Tropez qu'elle porte encore ajourd'hui.

Ce culte public rendu aux reliques insignes de saint Tropez dura plusieurs siècles. Mais puis arrivèrent pour nos contrées des époques de perturbations et de pillage. Vers l'an 720, des pirates ravageaient les côtes de la Provence, entraient dans les ports et répandaient partout la consternation et l'épouvante. Les historiens parlent de plusieurs villes qui furent alors détruites par ces écumeurs de mer.

Au siècle suivant, la Provence était de nouveau ravagée par des hordes barbares encore plus redoutables, par les Sarrazins, qui mettaient tout à feu et à sang. Ces farouches enfants du Prophète avaient établi leur forteresse au sommet du Fraxinet, d'où ils se répandaient dans la Provence et au-delà, semant partout la désolation et la mort. C'est ainsi que Gênes fut saccagée, Toulon ruiné, Fréjus rasé plusieurs fois, le monastère de Lérins pillé et cinq cents de ses religieux massacrés. La domination des Sarrazins en Provence dura près d'un siècle (888-973). Pendant cette période d'années, il n'y eut pas un point de nos contrées qui n'eût à souffrir de ces sauvages envahisseurs. « Maîtres de toutes les places fortes, dit une charte de l'époque, ils ont ravagé tous le pays, détruit les églises, pillé les monastères, anéanti les monuments romains : les lieux les plus agréables sont devenus, après leur passage, une affreuse solitude, et le séjour de l'homme est aujourd'hui la demeure des bêtes féroces (1). »

Saint-Tropez, placé en face du Fraxinet et à l'entrée du golfe Sambracitain où abordèrent les premiers Sarrazins en 888, ne pouvait s'abriter longtemps contre les excursions de ces hordes barbares. Aussi croyons-nous que si les pirates du huitième siècle commencèrent contre Saint-Tropez leur œuvre de destruction et de pillage, ainsi que le disent quelques historiens de Provence, les barbares du neuvième siècle l'achevèrent. Il est certain, en effet, que vers cette époque Saint-Tropez demeura désert, et l'historien Papon nous dit que cette ville

(1) Voyez *Géographie historique du Freinet*, par M. Albert Germondy.

fut la première que les Sarrazins saccagèrent, en abordant dans le golfe Sambracitain.

A l'approche des barbares, et surtout au moment de quitter leurs demeures, les Tropéziens ne pouvaient laisser à la merci des envahisseurs le corps vénéré de leur saint Patron. Pendant cette époque de trouble et de pillage, toutes les populations chrétiennes, qui possédaient des reliques insignes, les ensevelissaient avec soin. Ce fut ainsi que le corps de sainte Marie-Magdeleine à Saint-Maximin et celui de saint Auxile à Calles furent dérobés a la profanation des infidèles. C'est aussi ce que firent les Tropéziens ; ils cachèrent sous terre, dans le lieu qui leur parut le plus sûr, le corps du saint Martyr.

Voilà pourquoi nous ne possédons plus aujourd'hui ces reliques précieuses, et aucune église ne pourrait se flatter de les posséder. La tête seule du saint martyr est honorée à Pise, son corps ne se montre nulle part. Cela n'ébranle point nos croyances c'est au contraire une présomption en notre faveur, car si les reliques de saint Tropez ne sont vénérées dans aucune église, c'est que depuis le jour où elles furent cachées sous terre par le soin des Tropéziens fugitifs, elles n'ont plus été retrouvées.

Mais ce n'est là qu'une preuve négative, elle ne suffirait pas assurément pour venger nos traditions, confirmer nos croyances. Car, disons-le sans détour, Saint-Tropez n'est pas la seule ville qui s'attribue l'honneur d'avoir reçu sur son rivage le corps du glorieux martyr de Pise, la ville de Sines,

en Portugal, dans la diocèse d'Evora, prétend revendiquer pour elle-même cette gloire. En présence de
pareilles prétentions, céderons-nous les titres nombreux que nous possédons? et, comme des soldats
sans armes et sans défense, abandonnerons-nous
lâchement le combat? Au contraire, nous voulons
dès maintenant entrer courageusement en lice et
engager avec les Portugais une discussion sérieuse.
C'est ce qui fera le sujet du chapitre suivant.

CHAPITRE VI.

PRÉTENTIONS DES PORTUGAIS.

C'est une question importante que celle qui va maintenant nous occuper. Il s'agit de la défense de nos traditions les plus chères, car si les prétentions des Portugais avaient le moindre fondement, la ville de Saint-Tropez se verrait dépouillée pour toujours de ce qui fait aujourd'hui son plus beau titre de gloire. Nous allons donc entreprendre à ce sujet une étude sérieuse.

Cette dissertation paraîtra peut-être bien longue et bien aride à quelques-uns de nos lecteurs, mais nous les prions de se faire un peu de violence pour nous suivre dans tous les détails de la discussion. Ils entreront avec nous, à la suite des Bollandistes, dans un champ jusqu'ici inexploré ; mais à mesure qu'ils avanceront, ils verront jaillir autour de cette question une vive lumière, les nuages amoncelés par nos adversaires se dissiperont, et les traditions glorieuses de notre église apparaîtront appuyées sur les fondements les plus solides.

Disons tout d'abord que l'opinion des Portugais a contre elle sa nouveauté, puisqu'elle n'a pris naissance qu'au seizième siècle. Car, si elle avait le

moindre fondement dans l'histoire, se montrerait-
elle à nous couverte de quinze siècles de silence?
En effet, pourquoi dès l'origine de l'Eglise, ne
voyons-nous pas les habitants de Sines entourer
le tombeau du saint Martyr d'un culte et d'un
amour particuliers? Où sont chez eux les églises,
les autels élevés en l'honneur de saint Tropez?
Trouverions-nous du quatrième au seizième siècle
le moindre monument qui porte le nom du saint
Martyr? Les Portugais n'ont jamais rien montré de
pareil, et pourtant le témoignage des monuments
anciens est une preuve si forte et si concluante dans
toutes les questions qui touchent à l'histoire religieuse!

Nous savons, en effet, quel fut toujours le soin
des premiers chrétiens pour les reliques des saints;
les corps des martyrs, en particulier, étaient pour
les églises une richesse et un dépôt sacré. C'est
ainsi que le corps de saint Jacques le Majeur fut
conservé en Espagne à travers tous les cataclysmes
dont la péninsule hispanique a été le théâtre, et ce
corps est aujourd'hui encore vénéré à Saint-Jacques
de Compostelle. Or si à Compostelle tout est plein
du souvenir de saint Jacques, si la ville porte le
nom de l'apôtre dont elle possède les reliques, les
habitants de Sines qui reçurent le corps de saint
Tropez, n'auraient-ils pas pu en conserver le souvenir, soit en donnant à leur ville le nom du saint
Martyr, soit en élevant au moins une église en
son honneur? Mais rien de pareil ne se voit sur

les côtes du Portugal pendant quinze cents ans. Il a là, avouons-le, de quoi nous surprendre, et nou croyons qu'un pareil état de choses est un argu ment sans réplique en notre faveur.

On nous dira peut-être que le diocèse d'Evora récité jusqu'à l'an 1568 l'office de saint Tropez. Nou répondrons avec les Bollandistes que cet argumen ne prouve rien en faveur des Portugais. Car ce office fut introduit dans la liturgie d'Evora au mê me titre que celui de bien d'autres saints. En effet d'après une rubrique placée en tête du bréviaire d ce diocèse, il était prescrit de faire tous les jour l'office d'un saint sans jamais faire de la férie excepté pendant l'Avent, le Carême et le Temps d Pâques. Il fallait donc le 17 mai placer dans le bré viaire l'office d'un saint ; celui de saint Tropez fu choisi, mais sans aucun titre qui le désignât de préférence à d'autres : la preuve en est que ce office fut du rit simple, sans leçons propres. Or, or avouera que ne donner pas plus de solennité à la fête d'un saint dont on croit posséder les reliques insignes, ce n'est guère honorer le dépôt confié par la Providence ; c'est montrer que le culte de ce saint n'a pas de racine dans cette église.

L'abbaye de Saint-Victor dont relevait le prieuré de Saint-Tropez n'a pas agi de même, car nous trou vons dans un de ses anciens bréviaires la fête de saint Tropez élevée au rit de première classe, avec douze leçons à Matines, selon l'ancienne liturgie.

La raison de cette différence est facile à saisir, c'est que la Provence s'est toujours regardée en possession du corps de saint Tropez, et le Portugal n'a revendiqué que bien tard cette gloire. En effet, en 1568, le diocèse d'Evora ne pensait pas encore à cette possession, puisqu'à cette époque, il adopta le bréviaire romain sans introduire dans le propre du diocèse l'office de saint Tropez ; dès ce jour donc, plus de fête, plus la moindre marque de dévotion envers le glorieux Martyr, jusqu'à ce que, près de trente ans après, naquit l'opinion dont nous parlons. On le voit donc, l'insertion de l'office de saint Tropez dans le bréviaire d'Evora ne saurait contredire notre opinion, et les Portugais ne peuvent rien en conclure en leur faveur : nos traditions demeurent pures et intactes. Car si en Portugal, à l'endroit où l'on fixe l'arrivée du corps de saint Tropez, on ne trouve la trace d'aucun monument, en Provence, au contraire, à l'entrée du golfe Sambracitain, s'élève une ville qui s'appuie et sur le nom qu'elle porte et sur l'église dédiée à saint Tropez qu'elle possède pour montrer l'existence du culte du saint Martyr sur ses côtes depuis les premiers siècles de l'Eglise. Ces deux preuves que nous allons développer nous aideront puissamment à venger les droits de notre église contre les prétentions des Portugais.

Le premier monument authentique dans lequel nous voyons le nom de saint Tropez, donné au pays où s'élevait jadis l'antique Héraclée, c'est l'acte de donation de 980 (1). A cette époque, les Sarrazins venaient d'être expulsés du Fraxinet et Guillaume, comte de Provence, voulant récompenser les seigneurs qui avaient pris part à la lutte donne comme fief à Gibelin Grimaldi, tout le golfe Sambracitain, et ainsi que s'exprime l'acte, le lieu qui est comunément appelé rivage de Saint-Tropez, *qui communiter dicitur rivus Sancti Torpetis.* Or, si en 980, tel était le nom vulgaire du lieu qui aujourd'hui encore s'appelle Saint-Tropez il est de toute évidence qu'il faut placer l'origine de ce nom à une époque plus reculée. En effet, de longues années sont nécessaires pour accréditer le nom d'un pays et le faire passer dans les usages d'un peuple, quand surtout ce nom est substitué à un nom ancien. Mais si nous remarquons encore que, depuis deux cents ans, la contrée était ravagée par des pirates et des barbares, que la côte était déserte, la ville en ruine, il nous sera facile d'admettre que ce ne fut ni au huitième, ni au neuvième siècle qu'on donna à ce pays, le nom de Saint-Tropez, mais à une époque de beaucoup antérieure, que les Bollandistes ne craignent pas de fixer au siècle de Constantin, presque aussitôt après les persécutions.

Nous le demandons maintenant en toute sincérité, pourquoi, à une époque si reculée, appeler

(1) On trouve cet acte dans les Bollandistes, 17 mai, l'histoire de Provence par Honoré Bouche, la Géographie historique du Freinet par M. A. Germondy et le manuscrit du P. Péron·

déjà du nom de Saint-Tropez, cette langue de terre
qui s'avance dans la mer, sur un point presque
perdu de la Provence? Quel rapport pouvait avoir
le nom d'un martyr décapité à Pise avec la station
maritime d'Héraclée? La conséquence est logique
et nécessaire, c'est que sur ces côtes vint aborder,
conduit par l'ange de Dieu, le corps du saint martyr Tropez. Le nom confirme ici la tradition.
Il serait téméraire, il est vrai, d'attribuer à toutes
les contrées qui portent le nom d'un saint des
traditions analogues; mais, outre que de pareilles traditions sont rares et qu'il ne faut attribuer à
aucun lieu une tradition que personne ne revendi-
que, nous regardons pourtant comme une règle de
critique historique, que le nom d'une ville ou d'une
contrée peut servir à confirmer les traditions que
cette ville ou cette contrée réclament, lorsque ces
traditions sont elles-mêmes déjà appuyées sur des
monuments authentiques dignes de foi. Et pour ce
qui regarde la discussion que nous avons engagée
au sujet du lieu où aborda le corps de saint Tropez, n'est-il pas évident que de deux villes qui
se disputent cet honneur, il faut accorder le
plus de créance à celle qui, en dehors de ses traditions, se montre encore en possession du nom
du saint Martyr, depuis les premiers siècles de
l'Eglise?

Mais la ville de Saint-Tropez ne présente pas seulement à l'appui de ses traditions le nom qu'elle
porte, elle montre encore un sanctuaire élevé au

saint Martyr par la piété des habitants dès les premiers siècles de l'Eglise.

Le premier acte authentique, qui fasse la mention expresse de cette église, est l'acte de donation de 1056(1), par laquelle Pons, évêque de Marseille, donne à l'abbaye de Saint-Victor l'église de Saint-Tropez et ses dépendances. Au onzième siècle donc, il y avait sur nos côtes une église dédiée à saint Tropez ; l'origine, on le voit, en est déjà assez ancienne, elle suffirait pour démontrer que le culte du saint Martyr était en honneur, parmi les habitants du golfe Sambracitain à une époque très-reculée bien avant que les habitants de Sines eussent songé à élever leurs prétentions.

Mais l'église de 1056 ne fut pas la première qui s'éleva sur nos côtes en l'honneur de saint Tropez, elle fut bâtie sur l'emplacement de celle que les Sarrazins détruisirent au neuvième siècle.

L'existence de cette église primitive nous est indiquée dans le Martyrologe romain. Nous y lisons, en effet, que la translation du corps de saint Tropez eut lieu le 17 mai, jour ou l'on célèbre sa fête ; or nous savons déjà ce qu'il faut entendre par cette translation: c'est le transfert du corps du saint Martyr, du lieu où il était caché, dans l'église qui lui fut élevée après les persécutions.

(1) Voyez cet acte que nous avons cités a la note précédente. Voyez-le aussi dans la *Gallia Christiana* où il fut inséré par les soins de l'illustre Joseph Anthelmy qui fut prieur de Saint-Tropez.

Où se fit cette translation, et par là même où fut bâtie cette église destinée à recevoir ces reliques précieuses ? Ce ne fut pas certainement à Sines, car nous n'en voyons aucun souvenir dans son histoire, Sines même à cette époque n'existait pas encore, comme nous le verrons bientôt ; et le Martyrologe romain était déjà composé avant que les Portugais élevassent leurs prétentions. Ce ne fut pas non plus à Pise, puisque la ville de Pise n'a jamais possédé que le chef du saint Martyr, et elle n'a célébré que plus tard la fête du 17 mai, anniversaire de la translation des reliques. La ville de Saint-Tropez, en se disant la dépositaire du corps de son patron et en montrant dans des Actes authentiques que la plus ancienne église en l'honneur du saint Martyr, en dehors de celle de Pise, a été bâtie dans ses murs, la ville de Saint-Tropez, dis-je, peut seule revendiquer pour elle même l'érection de cette ancienne église, où eut lieu la cérémonie de translation dont parle le Martyrologe romain.

Et lorsque Adon, dans son Martyrologe, annonce le 17 mai la fête de saint Tropez en disant qu'en ce jour a lieu la réunion des habitants, *conventus civium,* de quels habitants veut-il parler si ce n'est des habitants de Saint-Tropez ? Car Adon ne connaissait pas la ville de Sines, ni les usages de ses habitants. Evêque de Vienne, en Dauphiné, il voulait surtout insérer dans son Martyrologe les saints qui de son temps étaient honorés dans les églises des Gaules. Usuard, bénédictin de Saint-Germain-des-

Prés, à Paris, avait le même but. Or les Bollandistes font remarquer que ces deux écrivains ecclésiastiques sont les premiers qui annoncent la fête de saint Tropez : c'est là, disent-ils, un argument en faveur des Provençaux. Adon et Usuard attestent de cette manière que le culte de saint Tropez était de leur temps connu dans les Gaules, et comme ils ont composé leur Martyrologe vers l'an 870, il en résulte qu'à cette époque la translation des reliques avait été déjà faite, et que antérieurement à l'an 1056, c'est-à-dire avant l'invasion des Sarrazins, il y avait sur les côtes de la Provence une église dédiée au saint martyr Tropez.

Mais cette église de 1056, bâtie sur l'emplacement de l'ancienne, a laissé des traces dans l'histoire : nous la voyons mentionnée dans les diverses bulles, par lesquelles les SS. Pontifes ont confirmé dans le cours des siècles les donations faites à l'abbaye de Saint-Victor. Citons en particulier la bulle de saint Grégoire VII en 1084, de Pascal II en 1114, d'Innocent II en 1136, d'Honorius III en 1218. Cette église, détruite plus tard à la suite de nouveaux désastres, se releva de ses ruines ; les capucins la desservirent depuis la fondation de leur couvent à Saint-Tropez jusqu'à l'époque de la Révolution, enfin elle a été de nouveau rendue au culte. lorsque les religieuses de la Présentation vinrent établir un monastère de leur Ordre, dans l'ancien couvent des capucins. Nous ferons l'historique plus détaillé de cette chapelle dans le chapitre suivant.

Outre le nom qu'elle porte depuis les premiers siècles, la ville de Saint-Tropez nous montre donc un sanctuaire dont l'origine remonte à la même époque. Que nous offre de pareil la ville de Sines en Portugal ? Rien, ni nom, ni église, ni souvenir ; seules les prétentions des Portugais surgissent au seizième siècle. Pourtant la translation des reliques est un des faits les plus certains, il y eut une église dédiée au saint Martyr là où son corps fut transféré. Or, si nous voyons l'existence de cette église en Provence, sans que le Portugal puisse nous en montrer la moindre trace, n'est-il pas évident que l'église de Saint-Tropez est la seule qui puisse revendiquer la gloire insigne d'avoir reçu le corps de son patron, la seule encore qui puisse se flatter de le posséder dans un lieu qu'elle ne connaît pas, il est vrai, mais que la bonté divine lui révèlera un jour ? Devant la valeur des témoignages que nous avons invoqués, il serait injuste de dépouiller la Provence pour enrichir le Portugal. Les faits sont des témoins irrécusables ; voilà pourquoi l'existence d'une église dédiée à Saint-Tropez sur les côtes de la Provence à un époque si reculée, est la confirmation la plus authentique de ce que nous apprend la tradition.

Après avoir établi la vérité des faits par des preuves aussi péremptoires, examinons maintenant la valeur des fondements sur lesquels l'opinion des Portugais repose.

Leur premier argument, les Portugais le tirent

de la ressemblance de noms qui existe entre le port de Sines en Portugal et le *portum Sinûs*, dont parlent les Actes. Quelle heureuse découverte pour ces bons Portugais! et ils sont restés dix siècles pour la faire! Avouons que les Provençaux les ont au moins devancés dans leurs recherches.

Mais est-ce bien sérieusement que les auteurs de ce nouveau système sont venus nous apporter des arguments pareils? Les Bollandistes ont déjà réfuté ces audacieuses prétentions. Pourquoi, disent-ils, revendiquer une tradition si sérieuse en faveur d'une ville qui n'existait ni sous l'empire romain, ni à l'époque où les Actes furent composés?

En effet, ni Ptolémée, ni Pline, ni Strabon, ni aucun géographe ou historien de l'antiquité ne parlent de ce port de Sines situé sur l'océan Atlantique, et dans la ville actuelle de Sines on n'a jamais trouvé aucune ruine, ni fait aucune découverte qui indiquassent l'emplacement d'une ville ancienne. Car, au dire des Bollandistes, l'origine de la ville de Sines remonte à l'époque de l'invasion musulmane. Elle fut bâtie par les habitants d'une de ces villes nombreuses que les armées arabes incendiaient sur leur passage. Or, s'il faut attribuer à la ville de Sines une origine postérieure aux premiers siècles de l'Eglise, comment le corps de saint Tropez aurait-il pu y être recueilli par des chrétiens? Et si de plus, Sines n'a été fondée qu'au huitième ou neuvième siècle, comment les Actes du martyre de saint Tropez composés à Pise, vers

le cinquième ou sixième siècle, auraient-il pu dési_
gner une ville inconnue jusqu'alors ?

Mais si le port de Sines·en Portugal n'existait pas
encore, il n'en était pas de même du port situé
dans le golfe Sambracitain que l'Itinéraire d'Antonin
nous indique. En effet des trois stations maritimes
placées après Fréjus, cet Itinéraire ne donne le
nom de port qu'à la station d'Héraclée, les deux
autres sont seulement désignées comme des stations peu importantes. Héraclée était donc le vrai
port du golfe, c'était un port très-florissant, connu
comme tel sur tout le littoral de la mer Intérieure,
c'est celui-là et non celui de Sines que les auteurs
des Actes ont voulu désigner.

Voilà le premier argument des Portugais réfuté,
arrivons au second. Les Actes disent que « Célérine, à
« qui Dieu donna la mission de recueillir le corps
« de saint Tropez, était une reine puissante qui
« commandait sur la moitié de l'Espagne. »

Que répondre à ce nouvel argument ? Une chose
bien simple : Célérine n'était pas une reine, et par
ce nom d'Espagne, les Actes veulent désigner la Provence.

En effet, nous avons dit dans notre préface qu'il
ne fallait pas donner aux Actes de saint Tropez une
valeur illimitée et nous avons adopté, comme une
règle de critique tout-à-fait sûre, de n'admettre ici que
les faits déjà confirmés par d'autres autorités sérieuses. Or, où a-t-on vu que sous l'empire romain l'Espagne fut divisée en deux royaumes ? et qu'elle fut

gouvernée par des rois ou des reines? L'histoire entière proteste contre une pareille assertion: car à cette époque, l'Espagne, soumise à l'autorité de Rome, n'était gouvernée que par des proconsuls et des préteurs romains. Célérine ne mérite donc pas le titre de reine que les Actes lui décernent, d'ailleurs l'erreur est si grossière que les correcteurs des Actes font de cette vertueuse chrétienne la femme d'un Sénateur, *Senatricem*, et Adon, dans son Martyrologe, l'appelle une femme vénérable.

« Mais, dira-t-on, en admettant que Célérine ne
« fut qu'une illustre matrone possédant au lieu
« qu'elle habitait de riches domaines et de somp-
« tueuses villas, les Actes ne sont-ils pas assez expli-
« cites, lorsqu'ils nous disent qu'elle demeurait en
« Espagne ? »

Cette difficulté, quoique plus sérieuse que la précédente, a reçu pourtant son explication. Car il est possible que ce nom d'*Hispania* (Espagne) ait été subtitué à celui d'*Hesperia* (Hespérie) qui désignait chez les anciens une contrée occidentale et s'appliquait indifféremment à tous les pays situés à l'occident d'un autre, puisque nous voyons, dans l'Enéide Virgile. donner le nom d'Hespérie à l'Italie elle-même qui se trouve en effet à l'occident de Troie (1). Or, comme l'Espagne et la Provence sont l'une et l'autre placées à l'occident de l'Italie, il est évident que sous la plume des au-

(1) Virgile, *Enéide*, livre II. vers 731,

...teurs des Actes le nom d'Hespérie convient aussi bien à la Provence qu'à l'Espagne. L'historien Bouche qui nous donne cette explication, en donne aussi un autre encore plus concluante : c'est qu'il y a eu peut-être erreur d'un copiste infidèle qui a substitué le nom d'Espagne à celui de Provence.

Mais supposons qu'il n'y ait eu aucune interpolation, que les auteurs des Actes aient voulu désigner sous le nom d'Espagne le pays habité par Célérine, nous dirons encore que ce nom peut également signifier la Provence. En effet, à l'époque où les Actes ont été écrits, les Wisigoths qui régnaient en Espagne, avaient aussi étendu leur domination dans le midi de la Gaule ; ils avaient ravagé la Provence et y avaient même exercé des persécutions, puisque l'on place vers ce temps le martyre de saint Auxile à Callas et celui des saints Mandrier et Flavien à Toulon. Nous savons encore qu'à cette époque, le royaume des Wisigoths était divisé en deux parties : l'Espagne en deçà et en delà des Pyrénées ; et dans un concile tenu à Tolède au sixième siècle, Narbonne est citée comme la capitale de la province espagnole située dans les Gaules. Voilà des faits historiques devant lesquels s'évanouit l'objection des Portugais, car puisque les Actes ont été composés à l'époque où le midi de la Gaule était annexé à l'Espagne, il n'est pas étonnant que sous le nom d'Espagne les auteurs des Actes aient voulu désigner la Provence.

Mais poussons l'argument jusqu'à ses dernières

limites et constatons que le sentiment des Portugais est tout-à-fait invraisemblable.

Si nous prenons, en effet, une carte géographique, nous verrons quel immense circuit aurait dû faire la barque miraculeuse pour arriver au port de Sines sur l'océan Atlantique. Il aurait fallu que cette barque chargée des saintes reliques traversât toute la Méditerranée, et en évitant la Corse et les îles Baléares, passât le détroit de Gibraltar, puis après avoir suivi si longtemps la direction du Sud, remontât vers le Nord, doublât le cap Saint-Vincent, et, en longeant la côte, abordât enfin dans le port de Sines. C'est là, dirons-nous avec H. Bouche, une chose invraisemblable, et si l'on prétendait qu'un tel miracle n'est indigne ni de la bonté, ni de la puissance de Dieu, nous répondrions que Dieu ne fait point de miracles inutiles. Or l'arrivée du corps de saint Tropez sur nos côtes est déjà un miracle assez grand qui nous révèle la bonté et la puissance de Dieu. Mais comme souvent Dieu se sert de moyens naturels pour arriver à ses fins surnaturelles, nous croyons qu'il entrait mieux dans ses plans providentiels de pousser par un vent favorable ou un courant sous-marin le corps de saint Tropez sur le rivage de la Provence, en face même de l'Italie, que de l'exposer pendant un intervalle de temps assez long à tous les périls qu'il pouvait rencontrer soit sur l'étendue de la Méditerranée, soit au milieu des flots soulevés de l'océan Atlantique. Dieu aurait pu le faire, il est vrai, mais il l'aurait fait par un de ces miracles extraordinaires qu'il ne prodigue point et qui doivent être d'une authenticité indiscutable pour servir de base à une sérieuse tradition. Voilà pourquoi, puisque les Portugais ne peuvent s'appuyer que sur des ressemblances de nom et d'autres conjectures, nous continuerons à regarder leur opinion comme dénuée de fondement ; le miracle dont ils auraient besoin, nous ne saurions l'admettre, et nous préférons regarder comme plus vraisemblable et plus sûre la tradition des Tropéziens. Ainsi toute difficulté disparaît, et il est évident que les Actes n'ont pas voulu désigner l'Espagne, mais plutôt la Provence dans leur récit.

Arrivons au troisième argument. Celui-là semble plus sérieux, car si les Portugais pouvaient l'établir d'une manière péremptoire, il prouverait au moins, non pas que le corps de saint Tropez est arrivé à Sines en Portugal, mais que ses reliques y sont aujourd'hui conservées : car c'est un sentiment que quelques critiques ont voulu adopter afin de concilier les deux opinions.

Les Portugais, en effet, comme preuve irréfutable de leur tradition, ne nous montrent pas seulement un nom et un texte dans les Actes du martyre, ils nous montrent encore dans la ville de Sines un tombeau et des reliques comme étant le tombeau et les reliques de saint Tropez.

Lorsque, au seizième siècle, la discussion s'éleva au sujet de la translation du corps de saint Tropez et que quelques écrivains eurent prétendu avoir

trouvé dans les Actes l'indication de Sines comme
le lieu où avait abordé le corps du glorieux Martyr,
on résolut de faire des fouilles, elle furent même
faites d'après l'avis du Pape Sixte V, à qui l'affaire
avait été portée. On se mit donc courageusement
au travail, et les recherches amenèrent la découverte d'un tombeau dans lequel était un corps décapité, avec une lampe en terre et d'autres emblèmes
qui indiquaient la présence du corps d'un martyr.
Il y avait aussi dans ce tombeau une inscription
que l'on n'a jamais pu lire. On devine si cette découverte ne confirma pas les Portugais dans leurs
nouvelles prétentions : et ce qui ajouta encore à la
croyance populaire, c'est que le corps de ce martyr
opéra à cette époque plusieurs miracles.

Nous l'avouons, s'il était bien prouvé que ce
corps fût réellement celui de saint Tropez, nous
croirions, non pas que les reliques de saint Tropez
abordèrent à Sines au premier siècle de l'Eglise,
car nous avons déjà établi l'impossibilité historique et morale de cette translation lointaine, mais
nous croirions que ces reliques auraient pu y être
transportées vers le huitième ou neuvième siècle.
Ce serait à la rigueur une chose possible, quoiqu'il
y ait encore bien des difficultés qui s'opposent à la
réalité de ce fait, telles que celles-ci : Pourquoi
n'a-t-on pas conservé en Portugal le souvenir de
cette translation? Pourquoi encore, pour arracher,
au huitième ou neuvième siècle, les reliques de
saint Tropez aux profanations des Sarrazins, les a-

t-on transportées dans un pays où ceux-ci régnaient en maîtres ? Car depuis l'an 712, les Arabes s'étaient emparés de l'Espagne, ils dominaient des deux côtés du détroit de Gibraltar, et aucune barque chrétienns ne pouvait passer de la Méditerranée dans l'Océan Atlantique sans être capturée par ces rapaces conquérants. S'il fallait, pour préserver les reliques de saint Tropez de la profanation des infidèles, les transporter dans un pays lointain, ne valait-il pas mieux les diriger du côté de l'Italie, les rendre par exemple à Pise, d'où elles étaient venues ? Voilà les difficultés qui se présentent à l'encontre de ce sentiment.

Mais, bien loin d'être authentique, le corps que possèdent les Portugais ne peut à aucun titre être regardé comme celui de saint Tropez, car ceux-ci ne peuvent donner sur ce point aucune preuve ni solide ni probable.

Que ce corps soit celui d'un martyr, nous l'admettons sans peine ; il est possible que ce serviteur de Dieu ait eu la tête tranchée soit aux premiers siècles de l'Eglise, soit pendant la domination des Visigoths en Espagne, soit à l'époque de l'occupation musulmane. Mais que ce corps soit celui de saint Tropez rien, ne le prouve.

Un titre précieux, qui trancherait aussitôt la question, serait une inscription portant le nom de saint Tropez. C'est ainsi que le corps de sainte Magdeleine et de tous les saints dont on a découvert les reliques, avaient leur nom à côté d'eux ainsi que d'autres indications qui les faisaient reconnaître. Ici, au contraire, nulle trace. Dans le tombeau découvert à Sines on a trouvé, il est vrai, une inscription, mais cette inscription livrée à l'examen des antiquaires et des archéologues n'a jamais pu laisser lire le nom de saint Tropez : ces savants n'ont pas même su dire en quelle langue cette inscription était écrite. Elle ne peut donc en rien favoriser l'opinion des Portugais, et il est impossible à ceux-ci d'en tirer le parti qu'ils voudraient afin de soutenir leurs prétentions.

« Mais, dira-t-on, ces reliques ont opéré des miracles. » Nous le croyons, car pour recommander le corps d'un martyr à la vénération des fidèles, Dieu a pu accorder des miracles. Pourtant, il ne faudrait pas exagérer l'importance de ces prodiges. Ce ne furent pas des miracles de premier ordre. Les Bollandistes, qui en discutent la valeur, nous disent que ces miracles ne consistèrent qu'en quelques guérisons de fièvre obtenues en avalant, détrempée dans de l'eau, un peu de terre prise au tombeau du martyr. L'on voit donc que ces guérisons miraculeuses ne sont pas un témoignage indiscutable, et dès lors, puisque d'une part il n'est pas prouvé que ce corps soit celui de saint Tropez, que de l'autre, il est regardé comme une chose historiquement et moralement impossible que ce corps soit arrivé à Sines en Portugal, nous ne pouvons reconnaître comme authentique celui que les Portugais nous présentent.

Si ceux-ci ont fait tant de bruit autour de cette question, c'est qu'elle est devenue pour eux une affaire de province et de clocher. Ils étaient heureux de posséder de telles reliques, et ils ont voulu envers et contre tous en défendre l'authenticité : ils se sont passionnés au débat, et il est curieux et risible à la fois d'entendre un des plus ardents défenseurs de cette opinion, l'Espagnol Tamajo, auteur d'un martyrologe, s'écrier d'un air triomphant : « Il est glorieux de combattre pour sa patrie. » Ce fut le mot d'ordre, qui, d'une extrémité de la Péninsule à l'autre, dirigea toutes les plumes, passionna tous les esprits. Nous sommes donc en droit de dire aux Portugais dans cette discussion : « Vous êtes trop intéressés : personne n'est juge dans sa propre cause. » Si, à leur tour, ils nous opposent le même argument, nous prendrons un arbitre pour terminer le débat. Dès lors la victoire nous appartient, la cause est terminée, car nous avons pour nous les autorités les plus sérieuses.

Ce sont d'abord les Bollandistes qui, dans un chapitre intitulé : *De la prétendue invention du corps de saint Tropez en Portugal*, réfutent victorieusement l'opinion des Portugais. Le P. Papebrok auteur de ce travail, commence par avouer qu'il fut tout d'abord frappé des raisons données par les Portugais ; il les crut sérieuses, et il était prêt à se ranger de leur opinion, mais après s'être livré à un plus mûr examen, il regarda comme ridicule une pareille prétention, et abandonnant aussitôt ce sentiment, il embrassa et soutint l'opinion des Provençaux. Là dessus, le P. Papebrok bat en brêche les arguments de nos adversaires et prouve par des preuves très-concluantes la véracité de nos traditions.

Mais outre l'autorité des Bollandistes, nous pouvons citer aussi le témoignage des deux églises de Gênes et de Pise, dont la tradition est unanime sur ce point. Or Gênes, et Pise surtout, suivent ici une tradition qui leur est propre : c'est ce qui donne à notre sentiment une autorité incontestable, puisque les traditions de la Provence se trouvent confirmées par celles de l'Italie.

Enfin, l'Eglise elle-même s'est prononcée en notre faveur, en approuvant pour les trois Diocèses de Fréjus, de Gênes et de Pise les leçons du Bréviaire qui renferment la tradition que nous revendiquons.

A des témoignages si éclatants que répondront les Portugais? Ils nous opposeront sans doute comme fin de non-recevoir la disparition du corps du saint Martyr, depuis une époque très-reculée. Mais cette objection ne saurait nous ébranler, car si le lieu où était caché ce religieux dépôt, n'a jamais été connu de personne, et si les fidèles, qui eurent soin de l'arracher aux profanations des barbares, en ont emporté le secret dans leur tombe, il n'en est pas de même du souvenir que la tradition en a conservé. C'est un sentiment persévérant et tenace

dans le cœur des Tropéziens que les reliques de
leur saint patron sont cachées dans l'intérieur de
l'ancien couvent des capucins, devenu aujourd'hui
le monastère des religieuses de la Présentation.
Telle est la tradition locale, tradition chère à tous
les Tropéziens, mais aussi tradition que nous trouvons déjà dans toute sa vigueur à une époque bien
reculée.

Joseph Antelmy (1) et les Bollandistes nous donnent la preuve incontestable que de leur temps
cette tradition était aussi forte et aussi inébranlable
que de nos jours. « C'était une tradition constante
parmi nos ancêtres, dit Antelmy, que les reliques
de saint Tropez étaient déposées dans ce lieu où
ils tenaient à honneur d'être ensevelis. » L'aveu
des capucins établit en outre que lorsque au seizième siècle ils se fixèrent sur ce point, ils y trouvèrent une petite chapelle où, de temps immémorial,
le 17 mai, jour de la fête patronale, la population
se rendait processionnellement pour faire l'absoute
dans le champ des morts qui y était contigu (2). Or
si les ancêtres des Tropéziens du seizième siècle
voulaient reposer après leur mort à côté du lieu où
ils croyaient enseveli le corps de leur saint patron

---

(1) L'illustre Joseph Antelmy a été prieur de Saint-Tropez
de 1683 à 1700. Il a fait un mémoire sur la translation des
reliques de saint Tropez et un autre sur le titre primitif du
prieuré de Saint-Tropez, dont il ne nous reste que des frag-
ments.

(2) M. ALBERT GERMONDI, *Géographie historique du Freinet.*

et si leurs descendants choisissaient le jour de la fête patronale pour venir prier dans ce champ de repos, c'est une preuve évidente de l'antiquité de la tradition. A cette époque, elle s'était perpétuée de génération en génération, et c'est ainsi qu'elle est arrivée jusqu'à nous.

Consultons maintenant les Bollandistes : ils nous ont conservé un fait historique qui nous fait saisir dans la plénitude de sa vie la tradition des Tropéziens.

En 1617, les capucins, sur la demande faite par la municipalité, vinrent s'établir à Saint-Tropez, et ce fut à côté de la chapelle du saint Martyr, sur les ruines de l'ancien monastère des bénédictins de Saint-Victor, qu'ils bâtirent leur couvent. Les religieux de Saint-Victor passèrent avec le Provincial des capucins un contrat par lequel ils donnèrent la chapelle aux capucins, sauf les droits du curé et a la condition que si à l'avenir les capucins retrouvaient dans l'intérieur le corps de saint Tropez, ces reliques précieuses seraient rendues au prieur-curé pour être vénérées dans l'église paroissiale (1). Assurément une pareille clause est significative, et jamais les religieux de Saint-Victor et le

(1) Il existe deux actes de concession : le premier passé le 28 avril 1617 entre les religieux de Saint-Victor et le Père Jérome de Laurens, provincial des capucins, le second passé le 27 août 1623 entre la communauté et le prieur Charles Antiboul. C'est dans un de ces actes que doit être comprise la clause mentionnée par les Bollandistes.

prieur-curé de la paroisse n'auraient tenu à sauve-
garder les droits de leur église, si la tradition sur le
lieu où sont cachées les reliques du saint Martyr
n'avait été à cette époque profondément enracinée
dans le cœur des Tropéziens.

Les capucins en étaient eux-mêmes convaincus.
Les Bollandistes nous donnent sur ce point l'aveu
qu'ils ont recueilli de la bouche de l'un d'entre eux.
Ils nous disent encore que quelque temps après la
fondation de leur couvent, les capucins auraient
consenti à faire eux-mêmes des fouilles, si le prieur-
curé se démettait de son droit et leur promettait
une partie des saintes reliques.

Il paraît pourtant que des fouilles furent faites.
D'après Girardin, Joseph Anthelmy, pendant qu'il
était prieur-curé de Saint-Tropez, essaya d'en faire
quelques-unes qui demeurèrent infructueuses. Les
capucins en firent aussi lorsqu'ils construisirent la
chapelle actuelle à la place de l'ancienne. Ces
fouilles encore ne donnèrent aucun résultat.

Sans doute l'heure de Dieu n'a pas sonné, mais
le jour marqué par la Providence viendra, car Dieu
se plaît souvent à consoler ses fidèles par la découverte de tombeaux précieux. C'est ainsi que furent
retrouvés, en 1281 le tombeau de sainte Marie-Magdeleine à saint Maximin, et celui de saint Auxile à
Callas en 1601. De nos jours encore n'a-t-on pas
découvert, sans qu'on s'y attendît, le tombeau de
saint Martin à Tours, de saint Philippe et de saint
Jacques à Rome, des saints Cosme et Damien à

Milan? Demandons, dans la constance de la prière
ce jour heureux que Dieu ne nous refusera point.
Ce sera un beau jour pour notre ville de Saint-Tropez, et pour l'Eglise entière une nouvelle consola-
tion.

CHAPITRE VII.

CULTE DE SAINT TROPEZ.

Le culte de saint Tropez est très-ancien dans l'Eglise. Ce qui le prouve, ce sont les divers manuscrits et passionnaux qui renferment les Actes du martyre de notre Saint. Les Bollandistes en citent un qui remonte à l'an 615. Parmi ces vieux documents qui témoignent du culte dont saint Tropez a été entouré dans plusieurs églises particulières, citons les manuscrits de Trêves, de Cologne, de Louvain, de Lyon et de Turin, citons aussi les Martyrologes de Raban-Maur, d'Usuard, d'Adon et de Notker.

Mais c'est surtout le long des côtes de l'Italie et de la Provence, de Pise à Marseille, que saint Tropez a été connu; c'est là que sa mémoire a toujours été vivante, c'est là qu'il a eu et qu'il a encore ses églises et ses autels. Nice possédait, en 1159, une église et un prieuré sous le vocable de saint Tropez. L'Eglise d'Antibes, au dire des Bollandistes, rendait également au saint Martyr de Pise un culte particulier (1), et l'abbaye de Saint-Victor à Mar-

(1) Il y a à Antibes la rue de Saint-Tropéz, probablement en souvenir d'une chapelle qui y avait été autrefois construite en l'honneur du Saint.

seille célébrait sa fête sous le rit double de première classe.

Mais dans ces diverses églises on ne trouve plus aujourd'hui aucune marque particulière du culte de saint Tropez. Seules, les trois villes de Pise, de Gênes et de Saint-Tropez donnent encore à l'illustre Martyr le témoignage public et solennel de leur dévotion et de leur amour. C'est le développement et le caractère de ce culte que nous allons étudier dans trois paragraphes distincts.

§ 1. CULTE DE SAINT TROPEZ A PISE.

Il était juste que la ville de Pise qui avait eu la gloire de donner le jour à saint Tropez et d'être arrosée du sang de son martyre devint aussi le berceau de son culte en Italie. Les chrétiens, en effet, pouvaient-ils oublier la tête du saint Martyr qu'ils avaient arrachée aux insultes de la foule? Forcés de cacher cette relique précieuse, ils l'ensevelirent avec soin dans une forêt voisine.

Mais quand l'ère des persécutions eut cessé, ils bâtirent au même endroit une chapelle où la tête du saint Martyr fut exposée à la vénération publique. C'est dans cet antique sanctuaire que s'est conservé pendant plusieurs siècles le chef auguste de saint Tropez.

En 1084, cette chapelle fut cédée aux bénédictins de Saint-Rossore, près de Pise : ceux-ci en retirèrent la relique précieuse qu'ils transportèrent dans l'église de leur monastère. Ainsi, signalons en passant cette coïncidence : pendant que des bénédictins bâtissaient en Provence un monastère à côté du lieu où avait été vénéré le corps de saint Tropez, d'autres bénédictins devenaient en Italie les possesseurs et les gardiens du chef vénéré du même Martyr.

Ces reliques précieuses se trouvaient dans le monastère au treizième siècle, de l'an 1254 à l'an 1278, époque à laquelle les annales de Pise placent un événement miraculeux dû à l'intercession de saint Tropez.

Vers ce temps-là, une grande sécheresse désolait la campagne de Pise, la pluie refusait d'arroser les terres et les récoltes allaient être perdues. Dans ce péril extrême, la ville de Pise tout entière invoqua le secours du Ciel, mais le Ciel semblait demeurer sourd à des prières si ferventes. L'archevêque, Frédéric Visconti, résolut d'implorer en faveur de la ville la protection de saint Tropez et il conduisit tout son peuple en procession jusqu'au monastère de Saint-Rossore où était exposée la tête du saint Martyr. Il prend dans ses mains cette relique précieuse et s'avance, suivi de tout le peuple, jusqu'au rivage de la mer. Là il s'abaisse pour toucher avec la sainte relique la vague qui s'avance; mais son mouvement fut trop précipité, ses mains s'inclinant laissèrent rouler la tête du saint Martyr qui est aussitôt emportée par le reflux de la vague et disparait sous les flots. Alors le saint Prélat se trouble, il s'agenouille à terre, redemande au Ciel, le trésor de son église, et voilà qu'à l'instant la vague qui revient, lui remet entre les mains la relique précieuse. A cette vue, la foi du peuple en son patron se ranime plus vive que jamais, des prières encore plus ferventes s'élèvent vers le Ciel et le Ciel, cette fois, exauçant les vœux de tout un peuple, fait tomber sur la terre une eau abondante qui arrose les campagnes : la procession même, surprise par la pluie, put à peine rentrer au monastère de Saint-Rossore où les reliques du saint Martyr furent déposées.

Depuis cette époque, la dévotion à saint Tropez est allée grandissant dans la ville de Pise. Ce fut probablement alors, nous dit l'auteur de la Vie italienne de saint Tropez, que les Pisans construisirent en l'honneur du saint Martyr, à l'endroit où, dit-on, s'élevait sa maison paternelle, l'église dans laquelle son chef auguste est aujourd'hui vénéré.

Depuis cette époque aussi, la fête de saint Tropez devint une fête chômée. Nous trouvons en effet, dans le Code civil de Pise, rédigé en 1284, la loi suivante : « Nous faisons savoir à toute la ville que la fête de saint Tropez doit être célébrée avec la plus grande solennité par les habitants. Que personne n'ouvre ses boutiques et ne place au dehors ni tables, ni bancs, sous peine d'une amende qui sera fixée par nous. »

Cette fête s'est de tout temps célébrée et se célèbre encore à Pise, le 29 avril, anniversaire du martyre de saint Tropez. Depuis qu'elle a adopté le Martyrologe romain, l'église de Pise célèbre une seconde fête de saint Tropez, le 17 mai. Mais la fête du 27 avril est la plus solennelle, soit parce qu'elle remonte à une époque très-ancienne, soit parce qu'en ce jour la ville de Pise célèbre aussi l'anniversaire d'un bienfait signalée qu'elle reçut du Ciel par la protection de saint Tropez.

C'était en 1633. Une peste terrible ravageait l'Italie, et avait pénétré dans les murs de la ville de Pise : elle y avait fait en peu de temps un grand nombre de victimes. Les Pisans en détresse recoururent aussitôt à leur puissant protecteur, et le 29 avril, pendant que l'on portait en procession dans les rues de la ville le chef sacré du saint Martyr, le fléau disparut entièrement. Ce fait miraculeux est consigné dans les archives municipales de Pise. La cité reconnaissante voulut conserver le souvenir de ce prodige, et fit le vœu de faire célébrer tous les ans, le 29 avril, dans la chapelle de saint Tropez, une messe d'action de grâces, à laquelle assisteraient le clergé de la cathédrale et les premiers magistrats de la ville. C'est ce qui se fait encore de nos jours.

Non contents d'avoir bâti une église et d'avoir institué des fêtes en l'honneur de leur glorieux patron, les Pisans voulurent encore manifester leur dévotion en confiant à des religieux la garde de ses reliques. Un monastère est donc construit sur les flancs de la sainte chapelle et des religieux sont appelés pour l'habiter. Les premiers qui arrivèrent furent les Frères Humiliés : mais, cet ordre ayant été supprimé par le pape saint Pie V, le monastère de saint Tropez demeura désert, et le chef du saint Martyr, privé de ses gardiens, fut transféré dans une église voisine dédiée à sainte Anne. Cet état de choses ne pouvait durer longtemps. L'archevêque de Pise appela des religieux Minimes. Ceux-ci, nous ne savons pour quels motifs, quittèrent plus tard le poste d'honneur qui leur avait été confié, et des Camaldules de Valombreuse furent mis à leur place. L'occupation française, en 1797, chassa de leurs cellules ces nouveaux religieux et le monastère demeura inhabité jusqu'en 1814. A cette époque, d'autres religieux, les Carmes-Déchaussés furent appelés : ils sont restés les gardiens fidèles des saintes reliques jusqu'en 1866, époque à laquelle le gouvernement de Victor-Emmanuel supprima les ordres religieux en Italie. La chapelle de saint Tropez est aujourd'hui desservie par des prêtres séculiers.

Tel est le culte de saint Tropez à Pise. Disons pour terminer que l'on voit dans la cathédrale de Pise deux grand tableaux, dont l'un représente le martyre de saint Tropez et l'autre la circonstance miraculeuse dans laquelle l'archevêque Frédéric Visconti recouvra le chef du saint Martyr emporté par les vagues de la mer.

§ II. CULTE DE SAINT TROPEZ A GÊNES.

C'est de Pise que le culte de saint Tropez s'introduisit à Gênes. Il y fut, dit-on, apporté par des marchands Pisans du douzième siècle, époque vers laquelle les deux villes de Gênes et de Pise firent ensemble une alliance commerciale. On bâtit alors une église qui devint plus tard une église collégiale et fut érigée en paroisse par le pape Léon X en 1519.

Cette paroisse possède une relique insigne de saint Tropez : c'est une portion de son crâne que l'on expose à la vénération des fidèles le 17 mai. On voit encore dans cette église deux grands tableaux, qui représentent, l'un saint Tropez dans l'amphithéâtre de Pise, l'autre l'apothéose du saint Martyr.

La fête de saint Tropez se célébrait à Gênes, comme à Pise, le 29 avril. C'était aussi une fête chômée. En 1603, le cardinal archevêque de Gênes, Orazio Spinola, ayant ordonné de célébrer les fêtes le jour marqué dans le Martyrologe romain, nonobstant toute coutume contraire, la fête de saint Tropez se célébra dès lors le 17 mai.

L'église de saint Tropez à Gênes a eu la gloire, en 1868, de célébrer le 18ᵐᵉ centenaire de la mort du saint Martyr. Les fêtes de ce glorieux anniversaire durèrent trois jours les 15, 16 et 17 mai. Pendant ce triduum, l'église parée de ses plus beaux ornements et spendidement illuminée ne put contenir la foule des fidèles accourus pour vénérer les reliques de saint Tropez exposées sur l'autel. Jamais une telle fête n'avait été célébrée en l'honneur du saint Martyr. C'est au zèle intelligent du recteur de la paroisse, Dom Vincent Persoglio, qu'on en doit l'heureuse initiative. Espérons que, au siècle prochain, les deux églises de Pise et de Saint-Tropez imiteront l'exemple de leur sœur, l'église de Gênes.

§ III. CULTE DU SAINT MARTYR A SAINT-TROPEZ EN PROVENCE.

La ville de Saint-Tropez en Provence fut, en même temps que la ville de Pise, le lieu où le culte du saint Martyr se propagea avec le plus de rapidité dès les premiers siècles de l'Eglise. Bien loin de s'être ralenti dans la suite des âges, ce culte est toujours allé croissant, il se conserve encore de nos jours dans toute sa vigueur primitive, et nulle part l'illustre martyr Tropez ne reçoit des marques d'amour et de vénération aussi vives et aussi sincères.

Nous avons déjà montré l'origine du culte de saint Tropez dans la ville qui porte son nom : nous l'avons vu commencer le jour même où le corps du saint Martyr y aborda miraculeusement, c'est là avons-nous dit, que se fit cette translation dont parle le Martyrologe romain ; c'est là que fut bâtie l'antique chapelle en l'honneur du saint Martyr ; c'est là enfin que se faisait le 17 mai, la réunion des habitants, dont l'évêque Adon nous parle dans son Martyrologe.

Détruite à la suite des guerres des Sarrazins, la chapelle primitive reparait à la date de 1056. A cette époque, Pons, évêque de Marseille, donna à l'abbaye de Saint-Victor l'église de Saint-Tropez avec ses dépendances (1).

La confirmation de cette donation, faite à plusieurs époques par les SS. Pontifes, nous fait assisster au développement progressif de la ville de Saint-Tropez dans cette deuxième phase de son histoire.

Les Bénédictins, en effet, dès qu'ils eurent reçu la donation de cette église, construisirent, pour la desservir un monastère qui devint plus tard un prieuré, car c'est le nom que lui donne, en 1114, la bulle de Pascal II, en le désignant sous le titre de *cellam sancti Torpetis*, prieuré de Saint-Tropez.

Ce ne fut d'abord qu'un prieuré rural, les moines seuls prièrent dans l'intérieur de la chapelle, mais peu à peu quelques maisons se bâtirent soit autour de l'église, soit sur le bord de la mer ; de nouveaux habitants vinrent s'établir sur ce sol abandonné. Dès ce jour, le culte du saint Martyr reprit sa jeunesse première, de nombreux fidèles se réunirent à ses solennités, le prieuré devint une église paroissiale, et l'agglomération de maisons, avec ses défenses et ses fortifications, prit le nom de *castrum*, qui

---

( ) Cet acte de donation se trouve dans les Bollandistes, la *Gallia Christiana*, où il fut inséré par les soins de Joséph Anthelmy, le manuscrit du P. Pérou, et la Géographie du Freinet par M. Albert Germondy.

signifie bourg fortifié. En effet, dans la bulle d'Innocent II, en 1136. Saint-Tropez est nommé parmi les églises paroissiales qui appartenaient à Saint-Victor : *in diœcesi Forojuliensi ecclesiam parocchialem Sancti-Torpetis*, et un manuscrit en parchemin, qui date de l'an 1200, conservé dans la bibliothèque d'Aix et cité par H. Bouche, donne à Saint-Tropez le nom de *castrum de sant Tropé*.

Voilà donc avec le nom du saint Martyr, son culte renaissant sur nos côtes pendant le douzième siècle. Cette nouvelle église, il est vrai, n'a plus la gloire de l'ancienne, le corps de saint Tropez a disparu, mais la tradition se conserve néanmoins toujours pure, les nouveaux habitants renouent la chaîne des traditions antiques et parmi eux, comme parmi leurs devanciers, le nom du saint Martyr est béni et glorifié.

Mais après avoir reparu un instant au douzième et au treizième siècle, la ville de Saint-Tropez disparait de nouveau au quatorzième. A cette époque, les mers étaient encore sillonnées en tous sens par les barques des pirates, les habitants impuissants à se défendre, se virent forcés à une nouvelle émigration. Saint-Tropez demeura désert, ses maisons tombèrent en ruine, la chapelle même du saint Martyr fut abandonnée, car nous voyons l'abbaye de Saint-Victor cesser à cette époque de nommer au prieuré (1).

(1) Manuscrit du P. Jean Baptiste Pérou, capucin.

Pendant cette nouvelle période de ruine et de solitude, il ne resta debout, sur toute la côte, qu'une tour qui conserva le nom de Tour de Saint-Tropez(1).

Les comtes de Provence continuèrent à y entretenir des soldats, afin de ne pas laisser sans défense tout le pays à l'ennemi. Mais souvent les pirates, arrivant à l'improviste ou en grand nombre, pénétraient dans la tour et massacraient tous les soldats qu'ils y trouvaient.

Lassés de cet état de choses, les comtes de Provence retirèrent cette faible et inutile garnison. Dès lors toute la côte demeura déserte, Saint-Tropez fut pendant plus d'un siècle enseveli sous ses ruines.

En 1441, le roi Réné inféoda à Jean de Cossa la seigneurie de Grimaud qu'il érigea en baronnie.

Un des projets, dont ce nouveau seigneur poursuivit longtemps l'entreprise fut la reconstrution de la ville de Saint-Tropez.

En 1470, Jean de Cossa avait trouvé, pour exécuter ses plans, un noble seigneur Génois, nommé Raphaël de Garezio (2). Celui-ci amena des familles génoises qui formèrent au nombre de soixante une communauté (3). Ces nouveaux habitants, fidèles

(1) C'est la tour du château.

(2) L'inféodation eut lieu le 15 octobre 1470. Voir les archives municipales.

(3) Voir aux archives municipales les deux actes de transaction entre Raphaël de Garezio et les nouveaux habitants, le premier, le 14 fev. 1470, le second, le 19 juil 1479.

au pacte qui les fixait pour toujours au sol de leur nouvelle patrie, se construisirent des maisons, r'elevèrent la tour, bâtirent des remparts. Dès ce jour Saint-Tropez est à jamais reconstruit, et ici commence la troisième phase de son histoire.

Mais à mesure que la ville renaît de ses cendres, le culte du saint Martyr reprend sa vie première. Car à peine établie dans le pays qu'elle venait d'habiter, la colonie génoise respecta religieusement les traditions qui s'y attachaient : la nouvelle ville reprit le nom ancien de Saint-Tropez, et la fête du 17 mai, se célébra de nouveau tous les ans. La chapelle du saint Martyr, il est vrai, ne servait plus d'église paroissiale, car les habitants en bâtirent une autre dans l'enceinte de la nouvelle ville (1), mais elle demeura le titre primitif du prieuré, et les nouveau prieurs à peine installés allèrent toujours en prendre possession.

Si nous nous en tenions au cartulaire de Saint-Victor qui nous montre l'abbaye renommer au prieuré de Saint-Tropez dès l'année 1443, nous pourrions en conclure que dès cette époque la

____

(1) Elle fut d'abord bâtie près de la mer, dans le quartier qui aujourd'hui encore a conservé le nom de *gleya* (l'église, *ecclesia*). Vers l'an 1512 cette église étant devenue insuffisante, on en bâtit un autre à l'emplacement de l'église actuelle qui a été rebâtie en 1784. La *gleya vieilla* fut divisée en deux parties, l'une servit de chapelle du Saint-Esprit et l'autre d'hôtel de ville. Voir les délibérations municipales du 22 fev., 9 mai 1512, 18 août 1519, 13 mai et 15 juillet 1543.

chapelle de Saint-Tropez fut rebâtie à la place de l'ancienne : il parait pourtant, d'après les archives municipales de la ville que cette antique chapelle ne fut reconstruite qu'en l'année 1554, lorsque les nouveaux habitants eurent terminé dans la ville tous leurs travaux de construction et de défense.

Dès qu'elle fut rebâtie, cette chapelle devint le sanctuaire privilégié de la communauté naissante, les réparations y furent faites aux frais de la ville, on y rétablit pour gardien un frère ermite dès l'an 1585, et nous savons par Anthelmy que tous les ans on y venait en procession le jour de la fête patronale et on faisait l'absoute dans le champ qui était contigu en souvenir des morts qui y avaient été jadis enterrés (1).

Ce mouvement de ferveur, qui se produisit envers le saint Martyr après la reconstruction de la ville, ne doit point nous étonner. Car Gênes connaissait déjà le culte de saint Tropez, et les nouveaux colons génois en venant sur nos côtes furent heureux d'y trouver le culte d'un martyr déjà honoré dans leur mère patrie. On était d'ailleurs à des siècles de foi, où tout ce qui touche à une pratique religieuse se ravivait facilement au sein des populations chrétiennes. Les nouveaux habitants de Saint-Tropez en particulier avaient certainement une foi vive et des vertus solides, puisque deux

(1) Voir dans les pièces justificatives, N° 2, les délibérations du conseil municipal au sujet de la chapelle de Saint-Tropez.

cents ans après la fondation de la ville, le docte Anthelmy (1) signalait les Tropéziens comme se faisant remarquer, non seulement dans le diocèse, mais encore dans toute la Provence, par la pureté de leurs mœurs et leurs pratiques de religion. L'amour de saint Tropez ne pouvait donc que s'enraciner bien vite dans le cœur des habitants et c'est ce qui nous explique le rapide développement de son culte dans la troisième phase de l'histoire de notre ville. C'est ce développement pendant cette nouvelle période que nous allons étudier.

Les nouveaux habitants, avons-nous dit, eurent un soin particulier de la chapelle de Saint-Tropez, ils l'entretinrent à leurs frais, y firent même de nombreuses réparations, mais cette chapelle menaçait ruine, peut-être même était-elle tombée. Vers l'an 1595 ou 1594 on en construisit une autre plus grande qui fut pourtant plus petite que l'ancienne église paroissiale du douzième siècle. Indépendamment de la chapelle primitive détruite par les Sarrazins, cette nouvelle chapelle fut donc la troisième bâtie en l'honneur de saint Tropez, sur le même lieu (2).

_____

(1) *Descriptio diœceseos Forojuliensis.* — Edité pour la première fois par M. l'abbé Disdier, chanoine, supérieur du petit séminaire de Brignoles.

(2) Voici, au rapport d'Anthelmy, l'inscription que les capucins placèrent sur la porte de cette chapelle qu'ils occupèrent en 1617 . « Cette chapelle fut bâtie en 1595 » ; il y en avait alors une fort petite, et anciennement une plus grande que celle-ci, qui a été, ainsi que les deux autres, consacrée

Mais la dévotion des Tropéziens ne semblait pas satisfaite, tant qu'ils n'auraient pas confié à des religieux la garde de leur pieux sanctuaire. Ils savaient que jadis à côté de la chapelle s'élevait un monastère florissant : aujourd'hui que la ville était prospère, que le culte du saint Martyr se répandait dans la contrée, il convenait de faire revivre la gloire des temps anciens.

La Providence ménagea une circonstance qui favorisa les vœux des habitants. En 1609, le P. Jean Baptiste de Rouille, capucin étant venu prêcher la station du carême dans l'Eglise paroissiale, les Tropéziens satisfaits des prédications de ce religieux lui manifestèrent le désir de posséder au milieu d'eux un couvent de son Ordre. Les capucins accédèrent à la demande de la ville et par une délibération du 16 avril 1617, le conseil municipal donna à ces religieux, à côté de la chapelle de saint Tropez, le terrain nécessaire pour la construction du couvent et l'emplacement des jardins, à condition que « le nom de la chapelle ne sera pas changé, ni le Rétable, à moins que la figure de saint Tropez n'y soit (2). »

Dès ce jour jusqu'à l'époque de la Révolution française, les capuçins, au nombre de sept Pères et trois Frères, desservirent avec zèle la chapelle de Saint-Tropez; ils se rendirent très-utiles pour la pré-

à saint Tropez. 1617. » Cité par **M.** Albert Germondy. *Notice géographique du Freinet.* Notes N. 106.

(2) Voir les pièces justificatives N° 3.

dication et la confession des fidèles. Leur chapelle demeura le centre du culte du saint Martyr. Ce fut là que se conserva sa statue vénérée et que tous les ans les fidèles continuèrent de venir en procession, soit la veille pour chanter les premières vêpres, soit le lendemain pour assister à la grand'messe pendant laquelle les consuls et le peuple faisaient l'offrande, soit le soir pour chanter les secondes vêpres (1).

Mais à mesure que la ville s'agrandissait, le culte de saint Tropez augmentait toujours davantage et la chapelle de 1597 devint à son tour insuffisante pour contenir la foule des fidèles. Une partie de la voûte étant tombée en 1742, on songea à construire une autre chapelle plus spacieuse et plus belle qui ne fut terminée qu'en 1764 : c'est la chapelle qui existe aujourd'hui. Pendant cet intervalle de temps, les offices de la fête de saint Tropez se firent dans la chapelle provisoire que les capucins avaient élevée à l'intérieur du couvent (2).

L'historien Tronci, qui écrivait au siècle dernier la vie des saints Toscans nous donne sur le couvent et l'église des capucins de Saint-Tropez des détails que nous sommes heureux de reproduire :

« En allant en Espagne, dit il, je relâchai au
« port de Saint-Tropez, et j'en profitai pour visiter
« le couvent des capucins et l'église nouvelle con-

(1) Manuscrit du P. J. B. Pérou.
(2) Manuscrit du P. J. B. Pérou.

« struite à la place de l'ancienne. Je vis dans le
« réfectoire des Pères un tableau d'autel très-ancien
« représentant saint Tropez et tout autour les em-
« blèmes de son martyre. Ce même tableau, les
« capucins l'ont fait peindre dans la chapelle au
« fond du maître-autel. Je vis encore appendus
« autour de l'autel un grand nombre d'ex-voto
« faits par des personnes délivrées du naufrage par
« l'intercession du saint Martyr. C'est dans cette
« chapelle, continue Tronci, que se célèbre le 17
« mai la fête de saint Tropez avec un grand con-
« cours de peuple et divers signes d'allégresse » (1).

Quant le souffle révolutionnaire eut passé sur la
France et que les églises eurent été fermées, le couvent et la chapelle de Saint-Tropez furent vendus
comme propriété nationale. Au rétablissement du
culte, ces deux édifices n'ayant pas été rendus à
leur destination première, les fidèles cessèrent
d'aller y prier, et l'église paroissiale où l'on trans-
porta la statue du saint Martyr, devint le centre du
culte de saint Tropez, et l'est encore aujourd'hui.

Ces lieux bénis ne devaient pas toujours servir à
un usage profane. En 1852, les religieuses de la
Présentation de Lorgues en firent l'acquisition la
chapelle et le couvent furent restaurés par leurs
soins, et la cérémonie de la bénédiction solennelle
se fit le 15 octobre 1853. C'est dans l'enceinte de ce
monastère, si riche en souvenirs, que les dames de

(1) Nous voyons dans le manuscrit du P. J, B. Pérou que
cette nouvelle chapelle avait quatre autels.

la Présentation donnent de nos jours avec le plus grand dévoûment aux jeunes filles, qui leur sont confiées, une éducation aussi solide que chrétienne. Pour tout reste du culte de saint Tropez, on voit encore dans la chapelle du couvent de la Présentation, le tableau dont parle l'historien Tronci (1) et la statue du saint Martyr, en pierre, qui était autrefois placée sur la porte extérieure de la chapelle. Espérons que la piété des fidèles élèvera un jour un autel au saint martyr Tropez dans la chapelle où son culte a pris naissance dès les premiers siècles de l'Eglise.

Tel est l'historique de la chapelle de Saint-Tropez : voilà comment le culte du saint Martyr s'est perpétué jusqu'à nos jours sur ce rivage fortuné choisi par la Providence pour recevoir ses reliques précieuses.

Mais nous n'aurions pas encore saisi le cachet particulier sous lequel nous apparaît le culte rendu par les Tropéziens à leur puissant proctecteur, si nous ne parlions d'une manifestation éminemment populaire, nommée la *Bravade*, dont la ville de Saint-Tropez donne tous les ans le spectacle pendant la fête patronale.

Lorsque vers le soir du 16 ou du 17 mai, un voyageur descend pour la première fois la route accidentée qui du haut des collines du Freinet conduit à Saint-Tropez, des bruits de détonations lointaines

(1) Il a été placé dans le chœur des élèves depuis que la chapelle est devenue la propriété des religieuses de la Présentation,

arrivent jusqu'à lui. Pourquoi, se demande-t-il avec étonnement, ce fracas inaccoutumé, ce feu soutenu, ces explosions sourdes et prolongées semblables au grondement solennel du canon ? Ne dirait-on pas que l'ennemi est descendu sur la côte et qu'il se livre près de la mer une bataille sanglante ? Avancez sans crainte, ô étranger, pénétrez dans les murs de la cité Tropézienne et vous y serez témoin d'une démonstration de joie toute bruyante, il est vrai, mais entièrement pacifique, car c'est aujourd'hui que les Tropéziens, fidèles à la tradition de leurs pères, font en l'honneur de leur glorieux Patron la *Bravade* solennelle.

Il faut avoir vécu en Provence, et en particulier, dans le diocèse de Fréjus, pour savoir que la *Bravade* est une procession, pendant laquelle les hommes d'une paroisse, revêtus d'uniformes militaires, organisés en compagnies et marchant au bruit des tambours et des trompettes de guerre, déchargent devant la statue de leur patron, les armes à feu qu'ils tiennent dans leurs mains. Ces sortes de manifestations sont assez nombreuses dans notre diocèse, Fréjus même, la ville épiscopale, en donne l'exemple.

Mais nulle part, l'enthousiasme populaire pour la Bravade ne peut égaler celui des Tropéziens. Pour eux la Bravade est une prière, et décharger un mousquet, brûler une cartouche devant la statue de saint Tropez, c'est faire monter vers le ciel un encens d'une agréable odeur. Aussi ce genre de

démonstration n'a-t-il jamais subi chez les Tropéziens la moindre interruption. A l'époque même
de la Révolution de 89, la fête du 17 mai continua
à se célébrer par des décharges nombreuses de
fusils et de mousquets. Un fonctionnaire de la
République, ayant voulu, une année, s'opposer à
cette manifestation d'un culte proscrit, fut sur le
point de payer cher son audacieuse témérité, car
la foule indignée se jeta sur lui et faillit l'étouffer.

Bien loin de s'être éteint de nos jours, l'enthousiasme pour la Bravade s'est conservé à Saint-Tropez dans sa vigueur primitive. Tous les ans, le
lundi de Pâques, le conseil municipal choisit parmi
les hommes honorables de la cité, celui qui sous le
nom de Capitaine de ville, doit avoir le commandement général des forces de la Bravade. A peine
la nomination est-elle connue que des groupes de
mousquetaires viennent saluer à la porte de l'hôtel
de ville, par de nombreuses décharges, l'heureux
élu que le maire leur présente. Puis une escorte se
forme, et le nouveau Capitaine, accompagné du
maire et des adjoints, est conduit dans les rues de
la cité, au bruit des tambours et au milieu des
décharges d'un feu bien nourri.

Mais voici que se lève sur Saint-Tropez l'aurore
d'un beau jour: c'est le 17 mai. Dès la veille, les
tambours appellent sous les armes les vaillants soldats qui formeront la Bravade. Le Capitaine de ville
reçoit avec la plus grande solennité, des mains du
premier magistrat, la pique traditionnelle, insigne

de son commandement. Puis après la bénédiction solennelle des armes, la statue du Saint, escortée par le clergé de la paroisse heureux et fier de ce digne ministère, est portée au milieu des rangs. Alors la Bravade commence, les détonations se font entendre, le sol se soulève, les maisons tremblent, un nuage épais monte dans les airs. Souvent à plusieurs intervalles, le Capitaine de ville, suivi du porte-enseigne, vient faire devant la statue du Saint les saluts traditionels : de nouvelles décharges se font alors entendre, et c'est ainsi qu'au milieu des fumées de la poudre, du bruit des tambours, d'un fracas épouvantable, le cortége s'ébranle et traverse à pas lents les rues de la cité. Mais quand finira cette marche triomphale ? Elle ne se termine jamais avec les dernières lueurs du jour, car elle se poursuit bien avant dans la nuit ; souvent même, chose incroyable, il est une heure et une heure et demie du matin, lorsque les *Bravadeurs* satisfaits consentent enfin à déposer les armes et à replacer sur son trône la statue vénérée de leur glorieux protecteur.

Telle est la Bravade qui se fait tous les ans à Saint-Tropez le 16 et le 17 mai. Nous n'avons pu en donner qu'une faible esquisse, car la Bravade échappe à toute description, et il faut avoir vu de ses propres yeux cette fête populaire pour s'en faire une idée bien exacte.

Disons pourtant que, en dehors de cette démonstration bruyante, les Tropéziens savent encore

honorer leur bien-aimé patron par des manifestations entièrement religieuses. Telle est cette messe
des mousquetaires célébrée dans l'église paroissiale
à l'autel de saint Tropez, telle est aussi cette ma-
gnifique procession qui se déroule avant la grande
messe dans les rues de la ville et à laquelle, outre
les hommes de la Bravade, assistent encore toutes
les congrégations de femmes, les corporations
d'hommes et les autorités civiles. Enfin pour donner à leur manifestation militaire un dernier
cachet religieux, les miliciens de la Bravade mon-
tent le lendemain de la fête à la chapelle de sainte
Anne, où ils assistent à une messe d'actions de grâces ; et ce n'est que au retour, lorsque ils ont baisé
encore une fois les reliques du Saint à l'église
paroissiale, et que le Capitaine de ville a rendu la
pique dans les mains du premier magistrat, que se
termine la Bravade et la fête religieuse de Saint-
Tropez.

Mais outre la Bravade du 16 et du 17 mai, les
Tropéziens en font une seconde le 15 juin, en
reconnaissance d'une faveur signalée que la ville
reçut du ciel par l'intercession de saint Tropez.

C'était le 15 juin 1636. Vingt et une galères espa-
gnoles vinrent mettre le siége devant Saint-Tropez,
pour s'emparer de plusieurs vaisseaux de guerre
que l'on radoubait dans le port : une action très-
vive s'engagea, les defenseurs de la place firent des
prodiges de valeur, et après trois heures d'attaque
les assiégeants se retirèrent avec une perte de 150

hommes, parmi lesquels un des principaux officiers. La tradition populaire rapporte qu'en cette circonstance, les Tropéziens reçurent une marque visible de la protection du ciel : les collines environnantes, et en particulier les hauteurs de la citadelle, parurent aux Espagnols très-couverts de gens armées : cette vue jeta la panique dans la flotte ennemie et décida sa retraite.

Quoi qu'il en soit les Tropéziens reconnurent dans cette victoire un effet particulier de la protection divine, et, le 5 juillet suivant, le conseil de la ville décida qu'à l'avenir pour célébrer l'anniversaire de cette délivrance et *remercier le Souverain Dieu, on ferait fête à la ville et on ferait une procession générale en action de grâces (1)*. C'est cette procession qui se fait tous les ans, le 15 juin au matin, procession pendant laquelle les hommes de la Bravade rangés autour de la statue de saint Tropez font encore entendre de nombreuse décharges de fusils et de mousquets. Pendant la journée du 15 juin, on voit appendus aux murs extérieurs de l'hôtel de ville, la copie de la délibération municipale qui institua cette fête et trois tableaux antiques représentant l'arrivée, l'attaque et le départ des Espagnols le 15 juin 1636. Telle est la fête dite *des Espagnols*, elle témoigne à travers les siècles de la foi des Tropéziens à leur glorieux protecteur.

Nous pourrions terminer ici notre étude sur le

(1) Voir cette délibération aux pièces justificatives n. 4.

culte de saint Tropez dans la ville qui porte son nom, mais nous croyons qu'il ne sera pas sans intérêt pour le lecteur de savoir à quelle époque et de quelle manière la Bravade, cette expression de la foi Tropézienne à saint tropez, a pris naissance dans nos murs.

Bien loin de placer l'origine de la Bravade à l'époque de l'invasion des Sarrazins en Provence, au neuvième siècle, comme on l'entend dire quelquefois, nous croyons pouvoir affirmer sans crainte de nous tromper, que la *Bravade* a commencé dans les murs de notre ville à l'époque même de sa fondation, elle fut le résultat de l'humeur guerrière des premiers Tropéziens, la conséquence des habitudes belliqueuses auxquelles leurs institutions militaires les assujettissaient.

En effet, en appelant sur nos côtes Raphaël de Garezio avec sa colonie gênoise, Jean de Cossa, seigneur de Grimaud, voulait surtout défendre son fief contre les attaques incessantes des corsaires. Saint-Tropez lui parut le point le plus capable d'arrêter à l'entrée du golfe les flottilles barbaresques. Voilà pourquoi il céda à Raphaël de Garezio tous ses droits seigneuriaux sur le territoire de Saint-Tropez : Raphaël à son tour passa avec les Gênois, qu'il avait amenés, un acte solennel par lequel ceux-ci s'engagèrent à entourer la nouvelle ville de remparts, à fortifier la tour, à faire par eux-mêmes les gardes et surveillances nécessaires pour repousser les ennemis, et tout cela sur leur

péril, leur foi et leur fidélité. En retour de ces charges, les Tropéziens furent déclarés exempts de tout
impôt, taille, corvée et servitudes quelconques.
Saint-Tropez fut dès lors regardé comme le boulevard du Golfe, ce fut une des places fortes de l'époque, sa population devint essentiellement militante et les habitants occupés soit à faire le guet,
soit à surveiller les navires qui arrivaient de la
haute mer, soit à entretenir et à mettre en état de
défense les tours et les remparts, les habitants durent toujours avoir les armes à la main. Il n'est donc
pas étonnant en cet état de choses, que le jour de la
fête patronale, les Tropéziens aient conservé leurs
armes, soit pour protéger contre les attaques imprévues des pirates la procession qui, nous le savons,
se rendait tous les ans à la chapelle de Saint-Tropez
située hors des murs, soit pour rehausser par leur
présence l'éclat de la solennité. Mais les armes
pouvaient-elles toujours demeurer muettes dans
les mains de ceux qui les portaient? Ne sait-on pas
que de tout temps les décharges d'armes à feu ont
été regardées comme une marque d'honneur? Ce
fût ce sentiment qui poussa les Tropéziens à tirer
les premiers mousquets devant la statue de leur
patron, puis peu à peu les décharges furent plus
nombreuses, et bientôt l'usage s'introduisit de marquer par des détonations bruyantes et une Bravade
régulière la fête de saint Tropez.

Et ce nom de *Bravade* ne prouve - t - il pas
aussi l'origine de ces manifestations religieuses

et militaires ? Le mot de Bravade, en effet, n'a jamais eu dans la langue Française l'acception que nous lui donnons ici, il tire sa signification du patois primitif des Tropéziens, et il n'a pu servir dès le principe qu'à indiquer une réunion d'hommes braves et courageux. Mais aurait-on pu regarder comme tels une troupe de citoyens paisibles armés dans le seul but de brûler de la poudre devant la statue d'un saint ? Non assurément, car pour mériter ce titre de bravoure et de courage, il a fallu que ces hommes aient été armés dès l'origine pour une entreprise périlleuse. Or, c'est ce que nous atteste l'histoire de la ville de Saint-Tropez. Les habitants s'arment d'abord pour la défense de la ville, ils se servent ensuite de leurs armes pour honorer leur saint patron, et le nom que l'on donna primitivement à la milice guerrière qui combattait derrière les remparts fut ensuite conservé par la milice paisible qui escorta la statue de saint Tropez, le jour de la fête patronale.

Mais voici une institution très-ancienne qui nous révèle l'origine essentiellement militaire de la Bravade. Nous voulons parler de l'institution du Capitaine de ville dont la nomination, avons-nous déjà dit, se renouvelle tous les ans.

Ce ne fut pas pour présider à la fête de la Bravade que cette dignité fut autrefois établie. Les archives municipales nous attestent que ce Capitaine, investi de tous les pouvoirs nécessaires à l'exercice de sa charge et à qui l'on donna dès lors, comme de nos jours, un lieutenant ou major et un porte-enseigne, ce Capitaine, dis-je, fut institué dès l'origine dans le seul but de diriger la défense de la ville.

Cette défense, parait-il, ne se faisait pas avec assez d'ensemble. Il fallait un chef qui pût disposer de toutes les forces et les distribuer selon les besoins. Ce fut dans ce but que le conseil de la communauté nomma, le 24 juin 1558, un commandant général qui, sous le nom de Capitaine de ville (1), fut chargé, ainsi que s'exprime la délibération municipale, « de garder la ville de jour et de nuit contre les ennemis, avec pouvoir de prendre les hommes nécessaires à la défense, de faire mettre en état l'artillerie, d'acheter de la poudre pour les bombardes et de la poudre fine, et faire commandement à chacun de tenir ses armes en ordre pour être prêt au besoin, sous peine d'un écu d'or contre ceux qui refuseraient d'obéir. » Dans une autre délibération du 18 mai 1562, le conseil municipal donne encore le pouvoir au Capitaine « de prendre tous les hommes qui lui sont nécessaires pour faire le guet, aller contre les Turcs et les ennemis du Roi, notre sire, du pays et du présent lieu. » Plus tard encore, le 26 septembre 1578, le conseil municipal pour fortifier la défense de la ville, créa des capitaines de quartier, qui devaient recevoir les ordres du Capitaine de ville.

---

(1) Voir aux pièces justificatives n° 5 le nom de tous les Capitaines de ville jusqu'à nos jours.

Ce fut donc pour remplir une mission essentiellement militaire que le Capitaine de ville fut d'abord créé et continua d'être nommé pendant plus d'un siècle. Les pouvoirs qui lui étaient reconnus dans la ville de Saint-Tropez furent confirmés par les lettres patentes de tous les rois de France jusqu'à Louis XIV (1). Mais sous le règne de ce puissant monarque, les armées permanentes ayant été créées, les habitants ne furent plus tenus à un service militaire obligatoire et régulier, la défense de la ville fut confiée aux soldats du roi établis dans la citadelle, et le Capitaine de ville perdit l'autorité qu'il avait jusqu'alors possédée.

Mais en cessant de faire usage de leurs armes pour la défense de leur ville, les Tropéziens les conservèrent pour honorer leur saint patron. Le Capitaine de ville, suivi du major et du porte-enseigne, continua à se mettre à la tête de la Bravade et les habitants dépouillés de leur ancien prestige militaire ne furent que plus zélés à reprendre le jour de la fête patronale le costume et les armes qu'ils avaient jusqu'alors portés.

Il paraît pourtant que quelquefois les Capitaines de ville ne se conformaient pas à l'usage d'assister le 17 mai à la Bravade solennelle, car nous voyons en 1759, le conseil municipal intervenir et décider que désormais on donnera tous les ans au Capitaine

(1) Voir aux archives municipales les lettres patentes de Charles IX, du nov. 1564 ; de Henri III, du 12 sept. 1575 ; de Henri IV, du 21 août 1594 ; de Louis XIII, du 7 déc. 1610.

de ville une épée d'argent à la condition qu'il se mettra à la tête de la Bravade le jour de la fête. Telle est l'origine de la remise de la pique faite tous les ans par le maire au Capitaine de ville. L'épée d'argent fut plus tard remplacée par la pique, insigne plus modeste et moins coûteux, mais on alloua au capitaine de ville une somme suffisante pour payer les frais de la Bravade.

Nous croyons avoir raconté avec assez de vérité l'origine de la Bravade. Elle se mêle, on le voit, aux origines de la ville actuelle de Saint-Tropez. Elle est donc bien puérile l'opinion de ceux qui voudraient placer l'origine de cette démonstration religieuse et militaire à l'époque des Sarazins en Provence au neuvième siècle. Car ne sait-on pas qu'au neuvième siècle la poudre n'était pas encore inventée? Or, sans la poudre, une Bravade est-elle possible? De plus Saint-Tropez fut entièrement détruit tout le rivage demeura désert et inhabité pendant plus de deux cents ans. Après l'expulsion des Sarazins, Saint-Tropez se releva pour un siècle de ses ruines, mais puis, près de deux siècles encore se passèrent avant qu'une nouvelle fondation définitive vint rendre la vie à une contrée jadis si prospère. Or, si la Bravade remontait au neuvième siècle, comment aurait-elle pu se perpétuer dans une ville qui du neuvième au quinzième siècle a subi tant de catastrophes et de bouleversements?

Si l'on objecte que ces sortes de manifestations ne sont pas inconnues dans bien d'autres paroisses du diocèse, nous répondrons que nulle part elles n'ont une origine aussi ancienne. Plusieurs de ces Bravades, celles par exemple des diverses paroisses du Golfe ne sont que la copie fidèle de la bravade de Saint-Tropez ; les autres, qui se font encore ou se faisaient il y a peu d'années, à Fréjus, à Vidauban, à Callian etc., ne remontent pas à une époque bien reculée ; celle de Fréjus, par exemple, une de celles qui sont encore bien chères aux habitants, n'a été établie qu'en 1784. C'est ce qui nous porte à croire que ces Bravades bien loin d'avoir commencé à l'époque de l'invasion des Sarazins, n'ont été instituées qu'à l'imitation de celle de Saint-Tropez, dans le seul but d'honorer le patron de la paroisse par des décharges d'armes à feu, comme on honore un roi le jour de sa fête ou à son arrivée dans une ville par des salves d'artillerie. En introduisant la Bravade dans leurs coutumes, ces populations ne firent donc que céder à un mouvement de foi et au désir de donner à leur fête patronale un éclat extérieur capable d'attirer un grand nombre d'étrangers. Voilà pourquoi dans le cours de ce siècle, bien des paroisses où la Bravade fut pendant quelques années introduite ne pourraient en trouver l'origine dans leur histoire : la ville de Saint-Tropez seule la montre remontant par des traces évidentes et des institutions anciennes à une époque reculée. Qu'est-ce à dire? Si ce n'est que ce fut à Saint-Tropez que les Bravades commencèrent, et c'est de là qu'elles se sont répandues dans les autres paroisses du diocèse. Voilà pourquoi Saint-Tropez a toujours été la terre privilégiée de la Bravade, le sol fertile où elle a jeté des racines profondes, et si jamais ce genre de démonstration venait à disparaître dans les diverses paroisses où il existe encore, à Saint-Tropez il se maintiendrait toujours dans sa vigueur première.

Honneur donc à vous, fidèles Tropéziens, honneur à vous dignes héritiers des traditions de vos pères. La Bravade a pris naissance dans vos murs, soyez heureux et fiers de ce titre de gloire désormais acquis à votre cité. Du haut du ciel, où il règne à la droite de l'Eternel, saint Tropez voit d'un œil propice vos manifestations solennelles, il sourit à vos prières, se rend accessible à vos vœux. Conservez donc dans vos cœurs ce culte et cet amour que vous ont légués vos pères, revenez tous les ans vous ranger nombreux autour de la statue de votre puissant protecteur, et, n'en doutez point, vous continuerez à ressentir au milieu des orages de la vie les consolants effets de sa céleste intercession.

Notre tâche est maintenant terminée. Nous voulions retracer les diverses scènes du martyre de saint Tropez, rechercher le lieu où reposent ses reliques, montrer le développement de son culte dans l'Eglise, et en racontant les luttes et les triomphes de ce glorieux athlète du Christ, nous voulions surtout le faire encore plus aimer. Avons-nous rempli notre plan et atteint notre but? Nous le désirons sincèrement. Quoiqu'il en soit, nous croyons avoir comblé un vide jusqu'ici regrettable. La ville de Saint-Tropez, ne possédait pas encore l'histoire édifiante du martyre de son glorieux protecteur ; cette histoire sera maintenant connue de chacun et en contemplant dans ces quelques pages la belle figure de saint Tropez rehaussée par le double éclat de la gloire humaine et de l'auréole du martyre, les fidèles y puiseront de sublimes enseignements, ils apprendront à ne pas mettre dans les richesses et les honneurs de ce monde leur espérance dernière, car la vie et la mort de saint Tropez nous montrent qu'il n'y a pour l'homme et le chrétien qu'une seule gloire véritable, le témoignage d'une bonne conscience et la pratique de ses devoirs.

F I N .

APPENDICE

NOTICE

SUR

L'ÉGLISE PAROISSIALE DE SAINT-TROPEZ

ET

CHRONOLOGIE

DES CURÉS QUI L'ONT DESSERVIE.

Comme on l'a vu dans le cours de ce livre, il y eut des chrétiens dans l'antique ville d'Héraclée, dès les temps apostoliques. La première église fut bâtie pour recevoir le corps de saint Tropez, aussitôt après les persécutions, à l'endroit même où s'élève aujourd'hui la chapelle du couvent de la Présentation. Au IXe sièle, cette église est détruite par le fer des Sarrazins. Au XIe siècle elle est rebâtie par les moines de Saint-Victor, devient le titre d'un prieuré et sert d'église paroissiale à la nouvelle ville qui se relève aux alentours. Au XIIIe siècle, Saint-Tropez disparaît et l'église est de nouveau ensevelie sous ses ruines. Cet état de choses dura près de deux siècles.

En 1470, lorsque les Gênois vinrent habiter nos

côtes, ils construisirent leur église dans le quartier qui de nos jours porte encore le nom de *glaye*, du patois génois *glaya* qui signifie église. Mais cette église devint bientôt insuffisante, à cause de l'accroissement de la population. Le conseil de la communauté songea à en construire une autre qui fut bâtie à l'emplacement de l'église actuelle et terminée vers l'an 1524. L'église vieille fut, avec l'assentiment de l'évêque de Fréjus, divisée en deux parties, dont l'une devint la chapelle du Saint-Esprit et l'autre servit d'hôtel de ville. Nous voyons par le procès-verbal de plusieurs délibérations municipales que les conseillers, avant d'ouvrir leurs séances, entendaient la Messe dans la chapelle du Saint-Esprit.

L'église paroissiale fut dès l'origine desservie par un prieur-curé relevant de l'abbaye de Saint-Victor. Ce fut un prieuré dit en *commende*.

Quel fut le premier prieur-curé de l'église de Saint-Tropez ? D'après le P. Pérou, les moines de Saint-Victor avaient nommé au prieuré de Saint-Tropez, dès l'an 1443, Reilloni, et en 1471, Mallagrippa. Mais Reilloni ne put assurément exercer les fonctions de sa charge dans une église qui était alors encore en ruine. Probablement l'abbé de Saint-Victor s'était hâté de nommer un prieur dès que Jean de Cossa venant habiter Grimaud en 1440 avait manifesté l'intention de relever la ville et le port de Saint-Tropez. Mallagrippa, au contraire, dut se trouver présent à la reconstruction de la ville et il administra aux Génois, dont il était peut-être le compatriote, comme son nom l'indique, les secours religieux.

Dans l'acte de transaction passé le 19 juillet 1479 entre le seigneur de Saint-Tropez et les nouveaux habitants, il est parlé du vénérable homme messire Laussalot de Poxete, prêtre, comme ayant été chargé de fixer les limites des terres de l'église. Nous croyons que ce prêtre était le successeur de Mallagrippa, aussi doit-il figurer parmi les prieurs-curés de notre église.

Ces terres dont les limites furent déterminées par messire Laussalot de Poxete étaient situées autour de l'ancienne église de Saint-Tropez, c'étaient les derniers restes de la donation de 1056, elles furent exemptes de toute redevance, et comme elles ne suffisaient pas à l'entretien du clergé, la communauté reconnut au prieur le droit commun alors de la perception de la dîme.

La communauté affecta aussi une maison spéciale pour le logement du prieur, cette maison qu'on appelait la maison claustrale se voit encore aujourd'hui dans la rue Saint-Esprit et a conservé le nom de *clastre*.

Il faut arriver à l'an 1565 pour retrouver le nom d'un prieur de Saint-Tropez. Le 15 février de cette susdite année, Honoré Mathéi, possesseur du prieuré, vendit à Antoine Antiboul et à Geoffroy son fils, les terres de son bénéfice, moyennant la rente annuelle de 80 florins. Le conseil de la communauté protesta contre cette vente, il aurait voulu faire lui-même au nom de la ville l'acquisition des terres du prieuré. L'official de l'évêque de Fréjus vint sur les lieux faire une enquête, mais il laissa les choses, dans l'état où elles étaient.

Pourtant Honoré Mathéi fut démis de ses fonctions ecclésiastiques. Jean Sérize le remplaça et occupa le prieuré jusqu'à sa mort qui arriva en 1595.

Après lui nous voyons arriver Charles Gatusso qui fut remplacé vers 1610 par Charles Antiboul, docteur en Théologie et chanoine de l'Eglise collégiale de Sisteron.

Le prieurat de messire Charles Antiboul est fécond en événements de toute sorte. Ce fut sous lui que les capucins se fixèrent à Saint-Tropez, que la chapelle de sainte Anne fut construite sur le mont Pécoulet pour remercier le Ciel d'avoir préservé la ville de la peste. Commencée en 1618, cette chapelle fut terminée en 1627. Ce fut aussi sous le prieur Charles Antiboul que fut instituée la procession dite des Espagnols.

Mais si le prieurat de Charles Antiboul fut fécond en œuvres paroissiales, il fut aussi fécond en procès divers.

Le but constant que résolut de poursuivre le jeune prieur en prenant possession de son bénéfice, fut de revendiquer les droits de son église contre les prétentions étrangères. Il voulut d'abord arriver à la reconnaissance authentique et solennelle de la chapelle de Saint-Tropez, comme le titre primitif de son prieuré. Commencé en 1610, ce procès fut poursuivi avec plus d'ardeur encore en 1617, quand les capucins s'établirent à Saint-Tropez. Le prieur força d'abord ces religieux à obtenir de l'abbé de Saint-Victor la concession de la chapelle. Cette concession fut faite le 23 avril 1617, il y est dit expressément que les moines de Saint-Victor *se réservent à eux, au prieur de Saint-Tropez et à ses successeurs en et sur la dite église tous droits, prises de possession, noms, actions et autres prééminences.* Après avoir amené les capucins à la reconnaissance de son droit, Charles Antiboul y amena encore le conseil municipal par une transaction passée à Fréjus le 19 août 1623.

Mais il ne suffisait pas de revendiquer la chapelle de Saint-Tropez, comme le titre primitif du prieuré, Charles Antboul voulut encore rentrer en possesssion des terres de son prieuré aliénées en 1565 par Honoré Mathéi. C'est ce qu'il obtint en faisant casser cette aliénation par un arrêt du parlement le 19 Janvier 1643.

Il régla aussi la question de la dîme et lutta contre les obstacles que mettait le conseil de la communauté à la perception de ce droit.

Charles Antiboul mourut en 1662 après avoir administré la paroisse pendant plus de cinquante ans.

Pierre Antiboul, un de ses neveux lui succéda et jouit des institutions de son oncle jusqu'en 1680 Sous le prieur Pierre Antiboul, au mois d'octobre 1670, la paroisse fut évangélisée par un prédicateur célèbre, le Brydaine de l'époque, le P. Honoré de Cannes, capucin, celui dont Bourdaloue disait : « On rend à ses sermons les bourses qu'on vole aux miens, » tant étaient nombreuses les conversions qu'il opérait. Aussi la mission qu'il donna à Saint-Tropez fut-elle suivie d'heureux résultats. Le conseil municipal voulut en payer les dépenses et voici comment s'exprime à ce sujet la délibération du 28 nov. 1670 : « Les sieurs Consuls ont remontré que le R. P. Honoré de Cannes, Louis de Brignoles et Paul d'Apt, capucins, seraient venus en ce lieu, le mois d'octobre dernier pour faire la Mission en ce lieu, instruire le peuple à la dévotion, leur enseigner les moyens qu'il faut tenir pour gagner le paradis et vivre chrétiennement, finir les contestations et les procès, et les terminer : à quoi ils se sont employés, mais avec un soin et peines extraordinaires, ne s'étant rien épargné pour nous en donner les moyens et la pratique pour le faire, ayant demeuré en ce lieu environ cinq semaines. La dépense qu'ils ont faite tant pour leur nourriture que pour la croix de la mission et mystères qu'on a posés au chemin allant aux Capucins et petites croix, a monté à 79 f. 7 sous, savoir 66 f. pour leur nourriture et 19 f. 7 sous pour la croix et les petites. »

Cette mission ne contribua pas peu à faire revivre dans le cœur des Tropéziens les sentiments religieux qui, au rapport de Joseph Anthelmy dans sa description des paroisses du Diocèse, faisaient de Saint-Tropez une des paroisses les plus chrétiennes non seulement du Diocèse, mais encore de toute la Provence. « Les Tropéziens, nous dit encore Anthelmy, se montrent comme affamés du pain de la parole divine. » Aussi les prédications étaient-elles nombreuses dans la paroisse de Saint-Tropez. Outre les stations de l'avent et du carême, on y prêchait encore l'Octave des morts et celle du Saint-Sacrement.

A Pierre Antiboul succède un des hommes les

plus éminents du Diocèse, l'illustre Joseph Anthelmy, Docteur en théologie. et auteur d'un grand
nombre de travaux historiques très-estimés. Ce
nouveau prieur ne résida pas longtemps dans la
paroisse. Son habileté dans les affaires ecclésiastiques, le fit appeler à Pamiers, où la fameuse question de la Régale avait occasionné beaucoup de
désordres. A force de douceur, de prudence et d'a-
dresse, Anthelmy sut pacifier les esprits et la tran-
quilité fut bientôt rétablie dans le Diocèse. Il mourut
en 1697. Tout en étant vicaire général de Pamiers,
Joseph Anthelmy garda le bénéfice de Saint-Tropez,
selon les usages de l'époque. Pendant son absence
la paroisse fut administrée par Antoine Baratte
avec le titre de curé.

Pourtant Joseph Anthelmy ne passa pas dans la
paroisse sans rien faire de lui même. Il représenta
au conseil municipal la nécessité d'agrandir l'église
paroissiale. Le conseil saisi de la question nomma,
le 14 février 1683, plusieurs délégués et quatre
prieuresses pour faire quêtes dans l'église, les chapelles et les maisons. Il ordonna ensuite que tout
ce qu'on donne à la jeunesse pour les pelotes et les
charivaris, qu'on a coutume de faire, serait versé
dans les mains des délégués pour servir à l'agran-
dissement de l'église. Ce fut le germe d'un projet
qui ne reçut son exécution qu'au bout d'un siècle
par la reconstrution de l'église en 1784, car cinquante ans après Anthelmy, M. Girardin, curé de
Fréjus, disait dans une autre description historique
du Diocèse: « L'église (de St-Tropez) est bien entre-
tenue, mais elle est trop petite pour tant de peuple.»

A la mort de Joseph Anthelmy, M. Honoré Augier reçut l'investiture du prieuré de Saint-Tropez. En 1727 il établit pour les prêtres du diocèse de Fréjus l'œuvre de la bonne mort dont les prieurs de Saint-Tropez demeurèrent après lui les directeurs. Le prieur Honoré Augier mourut en 1734.

M. Paul lui succéda et administra la paroisse jusqu'en 1765.

M. Joseph Garcin vint ensuite : Il fut le dernier prieur-curé avant la Révolution. C'est pendant son administration que fut rétablie l'église paroissiale dont les travaux furent terminés en 1784.

A l'époque où la tempête révolutionnaire s'abattit sur la France, l'église de Saint-Tropez était desservie par le prieur-curé et trois vicaires. Il y avait en outre deux chapelles de pénitents, la Miséricorde et l'Annonciade, desservies chacune par un chapelain particulier. Parmi les chapelles champêtres, on comptait celles de sainte Anne, saint Joseph, saint Pierre, Notre-Dame de Lorette et saint Roch. Chacune de ces chapelles avait deux ou trois recteurs nommé par le conseil municipal. Le Capitaine de ville était de droit recteur de Notre-Dame de Lorette, tant durant l'année de son capitainage que la suivante. (Délib. 26 Juil. 1649) et le dernier consul sortant d'exercice était aussi de droit recteur de la chapelle de sainte Anne. (Délib. 2 mai 1658) Ces recteurs faisaient dans les maisons les quêtes nécessaires pour l'entretien des chapelles confiées à leurs soins.

Mais dès que la Révolution de 89 éclate, les œuvres paroissiales disparaissent, les biens ecclésiastiques se vendent et les chapelles tombent en ruines. Le prieur-curé prend le chemin de l'exil et avec lui deux de ses vicaires Messieurs Laugier et Chantard. La paroisse est livrée à un curé constitutionnel. Mais bientôt l'église elle-même se ferme et devient un entrepôt d'armes et de munitions, les voûtes du sanctuaire ne retentissent plus du chant des hymnes sacrées, la désolation est dans le lieu saint.

Pourtant les chrétiens fidèles ne furent pas privés de tout secours religieux : ils se réussissaient dans des chambres transformées en chapelles et là un prêtre catholique célébrait devant eux les saints mystères. Parmi ces prêtres courageux qui exposèrent leur vie pour porter aux chrétiens les secours de leur ministère, nommons les abbés Bouis Clément, ancien capucin, Gaston Joseph qui sera plus tard curé de Saint-Tropez, Saurin André, nommé après la Révolution curé de Cogolin, puis curé de Fréjus où il est mort en odeur de sainteté. Nommons aussi le P. Jean Baptiste Saura de la Ciotat, capucin du couvent de Saint-Tropez. Il était caché à la campagne de la famille saint-Pierre de Nieubourg. Il disait la messe dans la chapelle de la campagne où il garda la sainte Réserve tout le temps de la Révolution. C'était à la faveur d'un déguisement qu'il allait porter les secours de son ministère à tous ceux qui les demandaient.

En 1802 les églises sont rendues au culte. Le premier curé fut M. Chantard Antoine un des deux vicaires qui en 1789 étaient partis pour l'exil. Il eut pour vicaires M. M. Gaston, Laugier et Turles. Le curé Chantard ne remplit ses fonctions qu'un an. M. Gaston son premier vicaire le remplaça et s'efforça pendant cinq ans de réparer les maux de son église. M. Gaston mourut à Saint-Tropez le 12 Octobre 1808 à l'âge de 62 ans.

M. Gagnard Joseph reçut en 1809 l'héritage de M. Gaston. Il se mit courageusement à l'œuvre et il a laissé dans le cœur de ses paroissiens d'impérissables souvenirs. C'est lui qui fit restaurer la chapelle de sainte Anne vers 1815, c'est lui aussi qui fit consacrer l'église paroissiale par Mgr. Beausset de Roquefort, archevêque d'Aix, le 13 Octobre 1820. Le curé Gagnard mourut à saint Tropez le 5 Novembre 1823.

Messire Joseph Marius Thaneron fut nommé curé de Saint-Tropez à l'âge de 32 ans et installé le 19 fév. 1824. Homme d'un mérite supérieur, M. Thaneron se mit à l'œuvre avec toute la vigueur de son âge et l'intelligence de son esprit. Il releva et réorganisa les œuvres paroissiales, dota l'église de magnifiques orgues et donna aux offices publics la pompe et la majesté qu'ils ont encore aujourd'hui. Fatigué du fardeau pastoral M. Thaneron donna sa démission à la fin de l'année 1835.

Il alla occuper la chaire d'Eloquence sacrée à la faculté de théologie d'Aix dont il fut plus tard nommé doyen, et c'est dans l'exercice de cette haute dignité qu'il mourut le 29 mars 1853.

M. Joseph Timothée Bénet né à Saint-Tropez, succéda à M. Thaneron et fut installé le 7 avril 1836. Il administra la paroisse pendant seize ans, et donna ensuite sa démission. Il était chanoine honoraire de Fréjus. Il mourut à Saint-Tropez le 5 septembre 1869.

M. Antoine Toussaint Lieutard, chanoine honoraire de Fréjus fut installé le 21 octobre 1852. Il ne passa que quatre ans à Saint-Tropez. Appelé par ses mérites à monter plus haut il fut nommé curé d'Hyères en 1856 et curé archiprêtre de Sainte-Marie à Toulon en 1864. C'est là qu'il est mort le 8 décembre 1872.

A M. Lieutard succède M. Joseph Antoine Brémond, curé actuel de Saint-Tropez. Né à Saint-Nazaire, le 23 février 1809, successivement professeur au petit séminaire de Brignoles , au grand séminaire de Fréjus et recteur de Bandol en 1851, M. Brémond fut installé curé de Saint-Tropez le 8 juin 1856, et nommé chanoine honoraire de Fréjus le 25 février 1865.

Depuis vingt ans qu'il administre la paroisse de Saint-Tropez, M. Brémond n'a jamais cessé de donner des preuves de son zèle pour le bien de ses ouailles. Il aime la beauté de la maison de Dieu, aussi les ornements et les décorations dont il a embelli son église perpétueront longtemps sa mémoire parmi les Tropéziens.

Telle est la notice historique sur l'Eglise de de Saint-Tropez que nous avons voulu ajouter comme complément à l'étude que nous avons entreprise sur notre saint Martyr. En voyant les sentiments religieux qui ont animé leurs pères, les Tropéziens s'appliqueront à les imiter et conserveront dans leur cœur les traditions de foi et de piété qui ont fait jusqu'à ce jour la gloire de leur ville.

PIÈCES JUSTIFICATIVES

N° 1

—

I. — *Leçons du Bréviaire le jour de la fête de S. Tropez.*

LECTIO I.

Torpes nobili loco natus, magnus in officio Neronis primum fuit, unusque exhis de quibus Paulus apostolus ab urbe Româ ad Philippenses scribit : Salutant vos omnes Sancti, maxime autem qui de Cæsaris domo sunt. Cum autem Nero Pisis, templum et simulacrum Dianæ augustissimum excitasset, cœloque æneo ad ætherei similitudinem constructo, omnes Dianam colere præcepisset, Torpes zelo Dei incensus, imperatorem libere increpat; satius esse dicens, Deum verum, qui cœlum, terramque creavit, venerari, quam inanes Deos. Sol tuus, inquit, jam non lucebit, luna nusquam comparebit. Post longam autem de Christo, Diisque disceptationem, Torpes termino sibi ad deliberandum concesso, beatum Antonium presbyterum in specu montis urbi Pisanæ contigui latitantem adiit, ab eoque baptizatus, et angelicâ visione roboratus, Pisas revertitur. Quem Nero sancti propositi tenacem cum agnovisset, comprehensum Satellico propinquo suo tradit, ut, nisi deos colat, suppliciis affectum interficiat.

LECTIO II.

Satellicus itaque Torpetem triduo carcere sine cibo inclusum, cum ad Deorum cultum frustra esset hortatus, ad ingentem columnam alligatum, adeo immaniter cœdi jussit, ut sanguis toto corpore copiose deflueret. Quo tempore, orante sancto Torpete columna illa repente cadens, judicem cum quinquagenta impiis oppressit. Sylvinus autem Satellici filius invictum confessorem in rotam lacerandum immisit, bestiis devorandum objecit, sed semper illæsus evasit. Leo enim qui prius in eum immissus est, illico mortuus concidit ; leopardus vero pedes ejus lingebat. Quæ cum Evellius imperatoris consiliarius vidisset, ad Christum conversus est, Romæque postea martyrio est coronatus. Torpes vero ab amphiteatro sub cœlum æneum ductus, illud sub pedibus suis evertit : quo casu multi ex infidelibus oppressi, multi eo prodigio ad Christi fidem adducti sunt.

LECTIO III.

Incensus inde ira Sylvinus Torpetem extra Pisanam civitatem duci et juxta mare capite truncari jussit tertio kalendas maii. Ejus tamen festivitas celebrius hâc die recolitur ob miram corporis translationem. Sacrum enim illud depositum navi pene fractæ et cariosæ injectum, vastissimoque mari ad certam demersionem commissum ductoribus, in oram Forojuliensem, ad partes scilicet Sambracitani sinus advehitur, ubi ab accolis christianis veneranter exceptum, cessante persecutione, in ecclesiâ ad hoc miro opere constructa, conditum fuit. Unde et regio illa tanto thesauro celebrior acta, sancti Torpetis sinus dici cæpit, in quo etiam decurrentibus sæculis, sub beatissimi martyris nomine, insigne monasterium et oppidum ædificata sunt.

II. — *Extrait du* Martyrologe *de Raban-Maur*.

IV KALENDAS APRILIS.

In civitate Pisanâ, natale sancti Torpetis martyris, quem Nero imperator jussit magnam Dianam, matrem Deorum adorare: quod ipse renuens, repletus Spiritu Sancto, dixit: Melius est unum Deum adorare, qui fecit cœlum et terram et omnia quæ in eis sunt, quam plures Deos colere, hoc est, dæmones. Exiens sanctus Torpes de palatio, multum intra se cogitans, dixit: Quid faciam idolis non serviendo? Et baptismum salutis non accipio? Tunc ascendit id montem et clamare cœpit dicens: Pater Antoni, ubi es? Respondit presbyter Antonius, et dixit: Et quis es tu, fili? Sanctus Torpes dixit: Ego sum servus tuus Torpes. Tunc Antonius baptisavit eum in nomine Patris, et Filii, et Spiritus Sancti. Tunc statim angelus Domini apparuit sancto Torpeti et dixit ei: Forti animo esto, quia tu nobiscum eris in Paradiso. Postea Nero perrexit Romam, et Satellico cognato suo præcepit sanctum Torpetem in carcerem recipi et alapis cædi; et ad columnam Habentinam nudo corpore religari: et dum sanctus Torpes complesset orationem cecidit illa columna, et oppressit ex impiis quinquaginta et ipse Satellicus sub ea mortuus est. Tunc filius Satellici, nomine Sylvinus, dum hæc ita agerentur, jussit ut leo ad eum devorandum dimitteretur; qui subito dimissus, dans rugitum super eum, eâdem horâ mortuus est. Et iterum dimissus est leópardus, et ipse flectens caput, lingebat plantas ejus. Tunc præcepit Sylvinus ministris, ut ad mare deduceretur et ibidem decollaretur. Sanctus vero Torpes, spem habens ad Dominum, ita oravit: Domine, suscipe spiritum meum, et ita decollatus est.

III. — Martyrologe *d'Adon*.

XVI KALENDAS JUNII.

In Tusciâ, natale sancti Torpetis martyris, sub Nerone principe ; hic magnus in officio Cæsaris Neronis fuit, et à B. Antonino præsbytero baptisatus, et in fide Christi cruditus est. Hunc Nero, cum cognovisset esse christianum, tradidit cuidam propinquo suo Satellico, ut impelleret eum sacrificare. Sed cum spiritu Dei confortatus, et in fide fundatus vir beatus, immobilis permaneret, fecit eum Satellicus alapis cædi, ligatum ad columnam tamdiu verberibus affici, quousque sanguis guttatim de corpore ejus deflueret. Sed subito, cum martyr cæderetur, columna cadens oppressit judicem et quinquagenta cum eo viros. Inde tentus à ministris, positus est in rotâ. Postea feris objicitur à filio Satellici, nomine Silvio, sed minime ab his læsus. Cujus constantiam et virtutem quidam conciliarius Neronis, Evellius nomine, inspiciens, Christo credidit ; ac post baptisatus, decollatus est in urbe Româ, V kalendarum maii, martyriique honore coronatus. Sed et beatus Torpes, jubente Silvio foras civitatem Pisanam ductus, decollatione martyrium suum complevit III kalendas maii. Hujus corpus ministri scelerum, impositum pene fractæ et cariosæ navi, simulque canem et gallum, projecerunt in decursum fluminis. Apparens autem angelus Domini cuidam venerabili feminæ, cujus nomen Celerina, monuit ut perquireret martyris corpus et sepeliret. Quod illa celerius complens, inventum cum omni reverentiâ sepelivit : et de facultatibus suis, cessante persecutione, ecclesiam miro opere supra construxit. Agitur festivitas et conventus civium XVI kalendas junii.

IV. — Martyrologe *d'Usuard*.

In Tusciâ sancti Torpeti martyris. Hic magnus in officio Neronis Cæsaris primo fuit : sed postea pro fide Christi , jubente eodem , alapis cæditur , verberibus diutissime afficitur , ac bestiis devorandus traditur , sed minime læditur : tandem vero decollatione martyrium suum III kalendas maias complevit , sed tamen ejus festivitas celebrius recolitur XVI kalendas junii.

V. — Martyrologe *de Notker*.

Post hoc initium : In Tusciâ civitate Pisanâ , nativitas sancti Torpetis, etc *sub finem addit* : De quo etiam fertur quod ingens machina quam adversarius Dei Nero ad similitudinem cœli commentando fabricavit meritis et orationibus ejus in flumen Auxarum præcipitata fuerit , ita ut nusquam comparuerit,

VI. — Martyrologe *Romain*.

Pisis in Tusciâ , sancti Torpetis martyris , qui magnus in officio Neronis primum fuit , unusque ex his de quibus Paulus apostolus ab urbe Româ ad Philippenses scribit : Salutant vos omnes sancti , maxime autem qui de Cæsaris domo sunt ; sed postea pro fide Christi jubente Satellico alapis cæditur , verberibus durissimis afficitur , ac bestiis devorandus traditur , sed minime læditur ; tandem martyrium decollatione complevit tertio kalendas maii : sed tamen festivitas ejus celebrius hâc die recolitur ob sui corporis translationem.

N° 2

*Délibération du Conseil municipal sur la chapelle
de S. Tropez.*

155i. 28 octobre. Le conseil délibère de faire la chapelle de
Saint-Tropez à laquelle tous les hommes doivent contribuer
par des journées de travail , sous peine d'une amende.

1559. 28 juin. — Le conseil décide que les tasques dûes à la
ville tant en blé, qu'en vin et en huile seront données comme
aumône à la chapelle de Saint Tropez.

1561. 26 mai. — Le conseil donne aux recteurs de la chapelle
les droits des terres dûs à la communauté,

1568. 20 juin. —Il est défendu de clôre les prés autour de la
chapelle afin de ne pas empêcher les gens de faire le romai-
rage.

1574. 23 août – Les autres chapelles doivent contribuer de
leurs revenus, cinq ou six écus chacune , à la réparation de
la chapelle de Saint–Tropez.

1575. 1 juillet.   Tout le blé qui revient des biens propres de
la communauté doit être donné à la chapelle de Saint-Tropez.

1585, 14 juillet. —Le conseil délibére qu'on établira un ermite à la chapelle de Saint-Tropez.

1594. 15 mai. A été ordonné que la chapelle de Saint-Tropez sera redressée et mise en état. A ces fins sera dépensé et
frayé l'argent qui se trouvera entre les mains des recteurs
de la dite chapelle , et si cela ne peut suffire la commune
fournira le surplus.

Nº 3

Délibérations du Conseil municipal appelant des Capucins à S.-Tropez.

1. Le 19 avril 1610. Sur la remontrance faite par les sieurs consuls, faisant entendre au conseil que, au moyen de la bonne dévotion et volonté de la plus grande partie du peuple de ce lieu par moyen de prédications et admonitions faites par P. Jean-Baptiste de Rouille, capucin, durant le carême dernier passé, ils auraient requis ledit P. de Rouille de supplier ses supérieurs à l'assemblée première que fairont, de vouloir commettre tel Père capucin que par eux sera avisé pour venir visiter la chapelle de Saint-Tropès, hors ce lieu, s'il serait par eux avisé et jugé d'y faire un couvent de leur ordre. Sur quoi ledit conseil d'un commun accord a délibéré que sera écrit par lesdits sieurs consuls au P. Provincial dudit ordre et le supplier de.venir ou commettre tel Père capucin que par lui sera avisé, pour aviser où ledit couvent sera fait, et s'ils trouvent bon qu'en ce lieu demeure bien ledit couvent, suivant le rapport que par eux en sera fait. La dite commune y pourvoira ainsi que par icelle sera avisé.

2. 16 avril 1617. Faite la proposte par les sieurs consuls faisant entendre audit conseil que depuis quelques jours se trouve en ce lieu le provincial des Pères Capucins pour savoir s'y serait la volonté du conseil d'avoir à ce dit lieu un couvent dudit ordre, qu'ils y viendraient habiter un nombre de religieux dudit ordre convenable, en y faisant avoir la chapelle de Saint-Tropès, proche dudit lieu, et une place

convenable contre la dite chapelle pour y faire le cloître et jardin à eux nécessaires et que pour tout le surplus de ce qu'il faudra, ils y pourvoiront sans que la dite communauté entre en autre dépense. Sur quoi ledit conseil a délibéré tous d'un commun accord de fonder ledit couvent des Pères Capucins à la dite chapelle de Saint-Tropès, le nom de laquelle ne sera pourtant changé ni le rétable, à moins que la figure de saint Tropés n'y soit, et à ces fins que lesdits Pères Religieux se serviront d'église de la dite chapelle, à l'entour de laquelle y sera acheté et payé per la dite communauté une pláce convenable pour y faire le cloître dudit couvent et jardin nécessaire que sera de telle largeur et longueur que sera avisé par le capitaine Gaspard Cauvin, Charles Cocorel et Benet Peyre, consuls, Honoré Bestagne auditeur des comptes, Balthazar Plaimond, marchand, Charles Antiboul et Jeanon Caussemilie : leur donnant pouvoir de ce faire et passer acte à ce requis et nécessaire, même avec celui qui vendra la dite place et promettre au nom de la communauté d'y payer le prix d'y celle ou les intérêts annuellement, ainsi que par eux sera avisé et accordé. D'autre part de prier le seigneur dudit Saint-Tropés de quitter le droit d'amortissement qu'il pourrait prétendre sur la dite place.

Signés: LAUGIER, lieutenant du juge;

              MARQUÈS, commis en l'absence du Greffier.

N° 4

Délibération au sujet de la procession dite des Espagnols *que l'on affiche sur les murs de l'hôtel de ville le 13 juin.*

Au nom de Dieu soit-il. L'an mil six cent trente-sept et le cinquième jour de juillet dans la Maison-de-Ville, par devant M⁰ Honoré Marquis, lieutenant du Juge dudit lieu, s'est rassemblé le conseil vieux et nouveau à la manière accoutumée, à son de cloche, voix de trompette et cri public, pour délibérer aux urgentes affaires de la communauté, où ont été présents les sousnommés et premièrement Jacques Antiboul, François Fabre et Antoine Augier, consuls, capitaine François Cocorel, M⁰ Jacques Marquesy, notaire, capitaine Abel Peyré, Antoine Martin d'Honoré, marchand, Barthélemi Aubert, bourgeois, capitaine Charles Antiboul, capitaine Jean Croust, Balthazar Taurel, André Gattus, Joseph Cocorel, noble Antoine Antibert, Jean Augier, capitaine Sébastien Martin, noble Balthazar Raimondy, conseigneur d'Allous, Honoré Martin d'Antoine, marchand et Jean Peyronet, bourgeois.

Les sieurs consuls ont remontré au conseil que la communauté et les habitants de Saint-Tropès ont sujet de remercier le souverain Dieu de la grâce et faveur qu'il nous fit le quinzième jour du mois de juin dernier au matin, de nous avoir donné la force de nous défendre de l'attaque que nous firent vingt-une galères d'Espagne qui nous combattirent environ trois heures. Sur quoi requis le conseil de vouloir délibérer qu'à l'avenir ce jour-là on fera fête à la ville et se fera procession générale en actions de grâces.

Lequel conseil d'un commun accord a délibéré que M. le Prieur Antiboul , sera prié , s'il lui plait, en considération de la grace et faveur que le souverain Dieu nous fit le dit jour quinze juin dernier de nous avoir préservé de l'attaque des Espagnols, de vouloir faire, quand bon lui semblera, une procession générale à saint Tropés notre patron , et qu'à l'avenir toutes les années et le quinzième jour .de juin , jour de la dite attaque , serait fait une procession générale en actions de grâces.

Signés ;   MARQUÈS, lieutenant du juge,
ANTIBOUL, SENGLAS, greffier.

F I N .

LITANIES

DE SAINT TROPEZ.

Kyrie, eleison,
Seigneur, ayez pitié de nous,

Christe, eleison,
Jésus-Christ, ayez pitié de nous,

Kyrie, eleison.
Seigneur, ayez pitié de nous,

Christe, audi nos,
Jésus-Christ, écoutez nous

Christe, exaudi nos,
Jésus-Christ, exaucez-nous,

Pater de cœlis Deus, miserere nobis,
Père céleste qui êtesDieu, ayez pitié de nous,

Fili Redemptor mundi Deus, miserere nobis,
Fils Rédempteur du monde, qui êtes Dieu, ayez pitié de nous,

Spiritus Sancte Deus, miserere nobis,
Esprit-Saint qui êtes Dieu, ayez pitié de nous.

Sancta Trinitas, unus Deus, miserere nobis.
Sainte Trinité, qui êtes un seul Dieu, ayez pitié de nous,

Sancta Maria, Regina Martyrum, ora pro nobis,
Sainte Marie, Reine des Martyrs, priez pour nous,

Sancte Torpes, gloria militari fulgens, ora pro nobis,
Saint Tropez, soldat plein de gloire, priez pour nous,

Sancte Torpes, qui magnus in officio Neronis fuisti,
Saint Tropez, qui avez été grand à la cour de Néron,

Sancte Torpes, mirabili providentia ad Evan-
Saint Tropez, attiré à l'Evangile par une Provi-

dence admirable,

Saint Tropez, auditeur assidu du divin Paul,

Saint Tropez, qui recevant la bonne semence l'avez gardée dans votre cœur,

Saint Tropez, qui vous êtes appliqué à obéir Dieu plutôt qu'aux hommes,

Saint Tropez, comblé des grâces de Jésus-Christ,

Saint Tropez, vase d'or solide, orné de toute sorte de pierres précieuses,

Saint Tropez, qui avez méprisé les richesses et la gloire du monde,

Saint Tropez, rempli de la charité chrétienne,

Saint Tropez qui avez suivi la lumière de Dieu,

Saint Tropez, que Dieu a sanctifié par la foi et la douceur,

Saint Tropez qui avez rendu gloire à celui qui vous donnait la sagesse,

Saint Tropez, qui n'avez pas rougi de l'évangile de Jésus-Christ,

Saint Tropez, qni avez voulu être traîné devant le tribunal des tyrans,

Saint Tropez, qui en craignant le Seigneur, n'avez eu aucune autre

gelium segregate,

Sancte Torpes, divi Pauli auditor assidue,

Sancte Torpes, qui bonum semen conferens in corde tuo servasti,

Sancte Torpes, qui Deo magis quam hominibus obedire studuisti,

Sancte Torpes, gratiis Christi cumulate,

Sancte Torpes, vas auri solidum, ornatum omni lapide pretioso,

Sancte Torpes, divitiarum et gloriæ mundi contemptor,

Sancte Torpes, christianæ charitatis æmulator,

Sancte Torpes, cujus vestigium lux Dei est,

Sancte Torpes, quem Dominus in fide et lenitate sanctum fecit,

Sancte Torpes qui danti sapientiam gloriam dedisti,

Sancte Torpes, non erubescens evangelium Christi,

Sancte Torpes, qui ante tyrannorum tribunal trahi voluisti;

Sancte Torpes, qui timens Dominum nihil trepidasti,

Sancte Torpes, qui in Domino Jesu confidens blanditias patris et minas contempsisti,

Sancte Torpes, qui in oblationes iniquorum non respexisti,

Sancte Torpes, qui magis affligi cum populo Dei quam temporalem peccati jucunditatem habere elegisti,

Sancte Torpes, fortis in prælio,

Sancte Torpes, in tentatione fidelis,

Sanctes Torpes, in vinculis evangelicis gaudens,

Sancte Torpes, sicut ovis ad occisionem ducte,

Sancte Torpes, qui divi Pauli vestigia sectans martyrium gladio complevisti,

Sancte Torpes, pro Christo defuncte,

Sancte Torpez, cujus corpus in pace sepultum, et nomen vivit in generationem et generationem,

Sancte Torpes, cujus sacrificium odor suavi-

crainte,

Saint Tropez, qui plein de confiance en Jésus-Christ avez méprisé les caresses et les menaces de votre pére,

Saint Tropez, qui n'avez pas regardé les offres des méchants,

Saint Tropez, qui avez préféré être affligé avec le peuple de Dieu que de goûter la jouissance temporelle du péché,

Saint Tropez, courageux dans le combat,

Saint Tropez, fidèle dans la tentation,

Saint Tropez, plein de joie au milieu des vos chaînes dont vous avez été chargé à cause de l'évangile.

Saint Tropez, conduit comme une brebis à la tuerie,

Saint Tropez, qui suivant les traces du divin Paul avez consommé votre martyre par le glaive,

Saint Tropez, mort pour Jésus-Christ,

Saint Tropez, dont le corps a été enseveli en paix, et dont le nom vit de génération en génération,

Saint Tropez, dont le sacrifice a été une agréable odeur en présence du Très-Haut.

Saint Tropez, couronné de gloire dans les cieux.

Saint Tropez, dont le corps par la permission de la divine Providence a abordé sur nos côtes,

Saint Tropez, qui avez protégé votre peuple et l'avez délivré de la perdition,

Saint Tropez, qui avez enlevé l'opprobre de votre peuple,

Saint Tropez, qui aimiez vos frères,

Saint Tropez, notre patron très-constant,

Agneau de Dieu etc.

Jésus-Christ etc.

tatis fuit in conspectu Altissimi,

Sancte Torpes, in cœlis gloriâ coronate,

Sancte Torpes, cujus corpus post mortem divina providentia ad nos transmeare fecit.

Sancte Torpes, qui gentem tuam curasti, et à perditione liberasti,

Sancte Torpes, qui opprobrium de gente tua abstulisti,

Sancte Torpes, fratrum amator,

Sancte Torpes, patrone noster constantissime,

Agnus Dei, etc.

Christe, etc.

ORAISON.

O Dieu, qui nous permettez de célébrer l'auguste solennité de ce jour en l'honneur de votre bienheureux Martyr Tropez ; accordez, nous vous en prions, à votre peuple, que par l'intercession de ce puissant Martyr nous soyons délivrés de tous les malheurs, par Jésus-Christ Notre-Seigneur. Ansi-soit-il.

Deus, qui nos præclarum hujus diei, in B. Martyris tui Torpetis honorem, solemnitatem celebrare concedis : præsta qæusumus, plebi tuæ, ut ipso pro nobis intercedente, ab omnibus mereamur adversis liberari. Per Christum Dominum nostrum. Amen.

HYMNE

EN L'HONNEUR DE SAINT TROPEZ

Martyris magni celebremus hymnis
Gesta Torpetis, neque quem tyranni
Vultus instantis, neque quem vel anceps,
    Terruit ensis.

Stirps virum tantum generosa Pisis
Obtulit, virtus meritis adauxit :
Aulicos inter tenuit Neronis
    Primus honores.

Christus effundens radios salutis
Italas oras magis usque lustrans
Attrahens istum sibi vendicavit
    Maximus Auctor.

Aula Torpetem fremebunda cernens
Candidis Christi redemisse frontem
Galleis, diri gladio tyranni
    Perfida prodit.

Præses invictum rogat, orat, urget,
Ut fidem Christi neget, et profanus
Cultus idolis sibi sit perennis,
    Lege jubente.

At minas Torpes nihill rependens,
Tractat infensos placidus leones,
Excipit pardos, spiculator unus
 Serta redonat.

Sæva perjusti rabies Neronis,
Martyris Corpus magis usque probris
Afficit, scapha jubet in marinas
 Mergier undas;

Imperans ventis, tamen, atque ponto
Christus id. lecto populo redonat,
Te suis ornat, decoratque victor
 Gallia palmis.

Audias ergo populos canentes
In tuas laudes, miseris adesto
Fautor, et nostri miserans benignus
 Excipe vota.

Sit decus Patri, genitæque Proli,
Et tibi compar utriusque virtus
Spiritus semper, Deus unus, omni
 Temporis ævo. Amen.

***

TRADUCTION DE L'HYMNE.

Célébrons dans nos hymnes les actes héroïques de l'illustre Tropez que ne purent effrayer ni
les regards menaçants d'un tyran, ni l'épée à
deux tranchants.

Né à Pise d'une noble famille, cet homme illustre ajouta à la gloire de sa naissance le mérite de ses vertus ; il occupa la premier rang à la cour de Néron..

Pendant que la foi du Christ se répandait sur la terre et éclairait de ses rayons les contrées de l'Italie, le Créateur Souverain l'attira vers lui et se l'attacha.

La cour furieuse de voir Tropez le front ceint des insignes du Christ, le livre en perfide au glaive cruel du tyran.

Le juge le prie, le sollicite, le presse de renier la foi du Christ et d'obéir à la loi en rendant toujours aux idoles un culte profane. Tropez reste invincible.

Mais Tropez méprisant ces menaces , demeure calme au milieu des lions cruels qu'il dompte et des léopards qu'il adoucit. Un bourreau lui donne la couronne éternelle.

Dans sa rage inhumaine, le cruel Néron ne cesse de couvrir d'opprobres le corps de saint Tropez, il le fait placer sur une barque pour être submergé au fond de la mer.

Mais Jésus-Christ commandant aux vents et à la mer donne ce corps sacré à un peuple choisi. La

Gaule triomphante, ô Tropez, élève en ton honneur des trophées de victoire.

Ecoute donc les peuples qui chantent tes louanges. Protège les malheureux et reçois avec bonté les vœux que dans notre misère nous t'adressons.

Gloire soit au Père et au Fls qu'il a engendré, et a toi, Saint-Esprit toujours égal à tous les deux, Dieu unique, dans les siècles des siècles. Ainsi soit-il.

CHRONOLOGIE DES CAPITAINES DE VILLE

EXTRAIT DES ARCHIVES MUNICIPALES

1558 Honnorat COSTE
1559 Pons COSTE
1561 Estève MARTIN
1562 Antoine ANTIBOUL
1564 Antoine MARTIN
1566 Honnorat NABON
1557 Charles FABRE
1568 Honnorat MARTIN
1569 Jean François COSTE
1570 Georges BOYER
1571 Pierre Jean MARTIN
1572 Estève MARTIN
1573 Louis BESTAGNE
1574 Raphaël CAUSSEMILLE
1575 Jaume COSTE
1576 Guillaume ROUX
1577 Jean MARTIN
1578 Joseph MARTIN
1579 Jean COSTE
1580 Jean OLIVIER
1581 Hugues NABON
1582 Louis CALVIN
1583 Jaume ANTIBOUL
1584 Martin BELLON
1585 Jean François COSTE
1586 Jean VEYRAND
1587 Joseph MEISSONIER
1588 Antoine NABON
1589 Antoine OLIVIER
1590 Poncet MARTIN
1591 Jean CALVIN
1592 Paulon FABRE
1593 Jacques ROUX
1594 Honnoré ROUX
1595 ANTIBOUL
1596 Gaspard CALVIN
1597 Jean Baron COSTE
1598 Antoine CAUSSEMILLE
1599 Jean REOUX
1600 Antoine OLIVIER
1601 Guillaume NABON
1602 Honnoré COSTE

1603 Honnoré ROUX
1604 Poncet MARTIN
1605 Balthazar SERIZE
1606 Abel CALVIN
1607 Honoré BERTAGNE
1608 Martin BELLON
1609 Jean COSTE
1610 Jean BORRELLY
1611 Balthazar RAYMOND
1615 Antoine CAUVIN
1616 Guillaume MEISSONIER
1617 Pierre MEISSONIER
1618 Honoré SERIZE
1619 Honoré COCOREL
1620 Jean CAUSSEMILLE
1621 Jacques MEISSONIER
1622 Antoine MARTIN
1623 Hugues ESTÈVE
1624 Pierre VEYRANE
1625 Jacques VASSAL
1626 Claude PEYRE
1627 Jacques ANTIBOUL
1628 Abel PEYRE
1629 Jacques MARTIN
1630 Barthélemy AUBERT
1631 Jean Honoré ANTIBOUL
1632 Antoine CAUVIN
1633 Honoré MARTIN
1634 Jean BESTAGNE
1635 Pierre COSTE
1636 Charles CAUVIN
1637 François COCOREL
1638 Jean CAUVIN
1639 Sébastien PILLE
1640 Jacques ROUX
1641 Jean AOUST
1642 Charles NABON
1643 Honoré CAUVIN
1644 Balthazar TAUREL
1645 Geoffroy ANTIBOUL
1646 Joseph COCOREL
1647 Honoré COCOREL

1648 Pierre Caussemille
1649 Joseph Raimondi
1650 Joseph Martin
1651 Honoré Bestagne
1652 Jean Magnou
1653 Honoré Antiboul
1654 Balthazar Martin
1655 Antoine Cauvain
1656 Claude Guirard
1657 Jean Baptiste Martin
1658 Melchior Abeille
1659 Pierre Olivier
1660 Antoine Cauvin
1661 Honoré Héméric
1662 Antoine Martin
1663 Louis Cauvin
1664 Jean François Nabon
1665 Louis Vacon
1666 Antoine Borelly
1667 Louis Estelle
1668 Charles Coste
1669 Jean Baptiste Bestagne
1670 Balthalzar Sérize
1671 Jacques Veyrane
1672 Gaspard Laborel
1673 Jean François Cauvin
1674 Jacques Fabre
1675 Jean Pille
1676 François André
1677 Gaspard Octoul
1678 Jean Bernard
1679 Louis Canety
1680 François Martin
1681 Joseph Raymondi
1682 Antoine Aubert
1983 François Caratéry
1684 Barthélemy Aubert
1685 Joseph Bestagne
1686 Antoine Martin
1687 Charles Bruno Martin
1688 Jean François Martin
1689 Gilles Coste
1690 Charles Cauvin
1691 Pierre Nabon
1692 Jacques Fabre
1693 Joseph Veyranne
1694 Joseph Rondet
1695 Esprit Caratery
1696 Jacque Peironet
1697 Joseph Honoré Cauvin
1698 François Bestagne
1699 François Hiblè
1700 Jean Villecrose
1701 François Aoust
1702 Joseph Vaccon
1703 Jean Joseph Cauvin
1704 François Laborel
1705 Bernard Antiboul
1706 François Meifredi

1707 César Coste
1708 François Aoust
1709 Louis Teisserie
1710 Pierre Laborel
1711 François Cauvin
1712 Joseph Raimondi
1713 Jacques Magniol
1714 Honoré Martin
1715 Joseph Martin
1716 Jean Coste
1717 Joseph Trullet
1718 Antoine Bestagne
1719 Jean Coste
1720 Joseph Aubert
1721 Marc Antoine Bestagne
1722 Antoine Caratery
1723 Jean Baptiste Augier
1724 Jean Baptiste Caratery
1725 Pierre Lieutaud
1726 Felix Gerfroid
1727 Toussaint Martin
1728 Louis Gautier
1729 Balthazar Guirard
1730 Pierre Félix Amic
1731 Joseph Olivier
1732 Jean Baptise Trullet
1733 Jacques Caiatery
1734 Louis Broquier
1735 François Baudoin
1736 Ignace Ganteaume
1737 Louis Roux
1738 Jacques Guirard
1739 Jean Baptiste Martin
1740 Jean Joseph Trullet
1741 Jean Baptiste Aoust
1742 Jean Gibert
1743 Louis Laudou
1744 Jacques Raimondi
1745 Jean François Cauvin
1746 Charles Caussemille
1747 Charles Caussemille
1748 Jean Baptiste Coste
1749 Joseph Pérou
1750 Jean Trullet
1751 Antoine Mistre
1752 Tropez Ratou
1753 Antoine Guiraud
1754 Tropez Guirard
1755 Joseph Paulian
1756 Jacques Martin
1757 Joseph Antoine Moisson
1758 Joseph Colomi
1759 Jean Joseph Cauvin
1760 Joseph Martin
1761 Tropez Arnaud
1762 Antoine Pérou
1763 Jean Louis Tournel
1764 Jean Baptiste Guirard
1765 Jean François Tournel

1766 Joseph MEIFREDI	1778 Tropez MARTIN
1767 Mathieu SIBILE	1779 François Donat ALLIEZ
1768 François BERTRAND	1780 Antoine GUIRARD
1769 Charles François MAILLE	1781 Barthélemy LAMARY
1770 Pierre CAVAILIER	1782 Jacques Joseph MARTIN
1771 Joseph VILLENEUVE	1783 Jean Baptiste COULOMB
1772 Jacques GRASSET	1784 Jacques DAUMAS
1773 Jean Pierre JOURDAN	1785 Dominique MARTIN
1774 Jacques DAUMAS	1786 LouisAntoine HÉRIÈS
1775 Tropez GAUTIER	1787 Appolinaire BROQUIER
1776 Bruno BROQUIER	1788 Tropez GUIRARD
1777 Jean François HERMITTE	1789 Marcel DAUMAS

Au rétablissement du culte lesCapitaines de ville sont renommés, nous n'avons leurs noms que depuis 1812 : Nous les devons à la mémoire fidèle de M. Benjamin Meiffredy ex-receveur des postes.

1812 MIREUR lieuten. de vaisseau	1845 André BERNARD
1813 BRUN cap. marin	1846 CRUVÈS Auguste
1814 BELARDY *idem*	1847 GRILLON Marius
1815 Augustin GUÉRIN	1848 BERTOLLE Tropez
1816 Louis SIBILLE	1849 ALLARD Benjamin
1817 Paulin SALVY	1850 MAILLE Tranquille
1818 Claude TEISEIRE	1851 BONHOMME, cap. marin
1819 Pierre BONNET	1852 COCOZ Cyprien fils
1820 Bruno GUÉRIN	1853 Martin de ROQUEBRUNE Alban
1821 Désiré ANGILLARD	1854 ALLARD Toussaint
1822 Martin ROQUEBRUNE	1855 GATUZZO François
1823 CAUVIN, juge de Paix	1856 MATHONY, aîné
1824 ANGILLARD père	1857 ROUX Louis
1825 Bruno MAILLE	1858 GUÉRIN Paul
1826 MARTIN, receveur	1859 GRASSET empl. des douanes
1827 Augustin GUÉRIN	1860 AUGIER, cap. marin
1828 Augustin GUÉRIN	1861 REBUFFEL, maître d'équip.
1829 RAT, négociant	1862 GIRAUD Jean Baptiste
1830 BONHOMME, cap. marin	1863 BONHOMME, cap. marin
1831 VIACARO, *idem*	1864 VINCENT le major
1832 Paulin SALVY	1865 GALLY Honoré
1833 MATHONY aîné	1866 OLIVIER, cap. marin
1834 MATHONY aîné	1867 BOQUIS Antoine
1835 MATHONY César	1868 ROUX Pierre
1836 VINCENT le major	1869 MOSSEL, cap. marin
1837 ALLARD Toussaint	1870 GALLY fils
1838 Pierre TEISSEIRE	1871 LALLY Toussaint
1839 VINCENT, le major	1872 CAGNIER Charles
1840 MATHONY, aîné	1873 COCOZ Cyprien
1841 GALLY Honoré	1874 GARDANNE Ignace
1842 PIOL cap. marin	1875 JUAN cap. marin
1843 TEISSEIRE François	1876 FARNET Paulin, cap. *préposé*
1844 Valentin JOSEPH	

TABLE DES MATIÈRES

NUMÉRO II.

NUMÉRO III.

NUMÉRO IV.

FIN DE LA TABLE